UPWARD

BODY.MIND.SPIRIT

身、心、靈，

全面向上提昇！讓自己更好！

Rejection Proof

How I Beat Fear and Became Invincible Through 100 Days of Rejection

被拒絕的勇氣

蔣甲 Jia Jiang—著 林師祺—譯

CONTENTS

序 009

CHAPTER——1 認識被拒絕 011

CHAPTER——2 克服被拒絕的心情 027

CHAPTER——3 成名的滋味 048

CHAPTER——4 對抗演化過程 065

CHAPTER——5 重新思考被拒絕 087

CHAPTER——6 接受否定 103

CHAPTER——7 準備接受同意 119

CHAPTER——8 學會說「不」 140

CHAPTER——9 找到光明面 156

CHAPTER——10 找到意義 178

CHAPTER——11 找到自由 199

CHAPTER——12 找到力量 213

CHAPTER——13 實踐新使命 230

附錄——「被拒絕」工具箱 233

謝辭 238

致祖母
妳是我人生的導師，
妳的教誨遠比我在學校所學的更博大精深：
那就是當個好人。
我好想妳。

致布萊恩叔叔
你就像我第二個父親，謝謝你。
你的支持和教誨，我受用無窮。

序

二〇一二年十一月十八日，那天德州奧斯汀的下午異常炎熱——但那不是我冒汗的理由。我當時開著髒兮兮的豐田RAV4休旅車，緩慢穿過西北市郊某個中產階級住宅區，尋找哪一家適合去敲門拜訪。我已經開過幾百戶人家，希望能選定一間。可是一想到自己的計畫，每間屋子看起來都很嚇人。

「好啦，別畏畏縮縮。」我低聲告訴自己，車子就停在一間有漂亮花園的紅磚平房前。花圃上有個小十字架裝飾，我希望這表示屋主一家性情平和，而且定期上教會，不是什麼三K黨成員。無論如何，我可不希望他們在週日下午突然抓狂。

我一下車，不禁好奇有沒有人透過窗簾縫隙偷看到這個意外景象：一個成年人穿著護具與釘鞋，一手抱著足球，另一手拿著 iPhone 自拍。「這件事有點冒險，」我對著手機說，「我要拜託別人開放後院讓我踢足球，我們靜觀其變吧。」

我走向大門，心臟怦怦跳，釘鞋踩得枯葉嘎嘎響，棲息在附近枝頭的烏鴉叫個不停，一切散發出不祥的氛圍，彷彿是恐怖片的開場，那條走道彷彿成了世上最漫長的一段路。

好不容易走到門口，我輕輕敲門，生怕敲太用力，屋主誤會來者不善。沒有回應，我又敲了一次，這次稍微用力，還是沒人應門。那時我才注意到有門鈴，我按了下去，一會兒之後，門被推開了。

站在我面前的是個四十多歲的彪形大漢，身穿印有大大德州州旗的灰T恤。我聽見他背後客廳傳來美式足球播報員的聲音與體育館觀眾的模糊加油聲。我後來知道他名叫史卡特，他和多數德州人一樣，都是達拉斯牛仔隊的死忠球迷，我敲門時，牛仔隊和克里夫蘭布朗隊正進入延長賽。

「你好，」我鼓起勇氣、盡力使用拖長的德州腔。「可以幫我拍我在你家後院踢足球的照片嗎？」

他瞇起眼睛，往下瞄到我的釘鞋，「在我家後院踢足球……」他慢慢複述。

「因為……我正進行某個特別的計畫。」我說。

經過一分鐘……也許實際上只有幾秒之後，這位牛仔隊球迷直視著我說……

CHAPTER —— 1

認識被拒絕

你或許納悶我為何站在這戶人家門口，我所說的「特別計畫」又是什麼。我正在練習新的推銷手法？玩真心話大冒險？一場社會實驗？其實都有這麼一點關聯。這是我克服被拒絕恐懼的百日過程一部分——我因此對事業與人性有了新的見解，學會如何在各方面都有所精進。藉由挑戰自己不斷被拒絕，我漸漸對被拒絕——甚至是周遭的世界——產生不同的看法。我的人生因此改變——希望藉由閱讀我的歷程點滴，你也能找到改變。

在我告訴你接下來的發展之前，或許我應該稍微倒轉——回到最起點。

那天是二〇一二年七月四日，太陽剛下山，好幾千人聚在社區公園裡，等著看美國國慶煙火。妻子崔西靠著我坐在毯子上撫摸著肚子，當時她懷孕八個月，正懷著我們第一個孩子。周圍的小朋友手裡拿的不是飛盤，就是冰淇淋。家家戶戶打開野餐籃，開啤酒罐的聲音和笑聲此起彼落。大家歡欣雀躍，享受著美好的夏日時光。

只有我除外。

從許多方面來看，我實現了美國夢。我才三十歲，已經在財星五百大企業領六位數年薪，崔西和我有棟三千七百平方呎（一〇四坪）的湖景美宅，甚至還養了隻名叫金寶的黃金獵犬——典型美國郊區家庭養的狗——而且兒子幾週後就會報到。最棒的是我們夫妻感情和睦，我每天都覺得能有這麼棒的女人愛我是多麼幸運。換句話說，我應該感到幸福快樂，但不但沒有，我卻沮喪無比。然而我的煩惱並非來自生活——而是源於工作。

我在中國北京長大，當時每個學童都被教導要成為模範勞工，幫助祖國成長茁壯。但是當個模範勞工——無論在中國或任何地方——向來不是我的夢想。我從小就夢想創業，其他小朋友打球或玩電玩時，我沉迷於閱讀湯瑪斯・愛迪生與松下電器創辦人松下幸之助的自傳，探索成為偉大發明家的方法。我十四歲那年，比爾・蓋茲訪問北京，這是他第一次來到我的家鄉，我也沉迷於他創辦微軟的故事。我更撕下房間牆上所有運動海報，立志成為創業鉅子。我誓言成為下一個比爾・蓋茲，要發明席捲全球的科技產品。我還央求家人幫我買一台全新頂級電腦，然後自學如何寫程式碼。我寫了封信給他們（信我還留著），保證我的公司會一舉成名，還能在二十五歲前就買下微軟。因為好萊塢將美國描述的盡善盡美，加上比爾・蓋茲又住在那裡，我相信有朝一日，我會搬到美國完成使命。

十六歲時，我有機會前往美國高中當交換學生，之後還可以留下來上大學。我把握機會，但是不消說，那段過渡時期十分艱苦。我必須辛苦克服語言和文化的隔閡，也很難過自己得離開深愛的家人。更糟的是，我剛到美國的狀況很糟糕。我到美國第一年，竟然住在路易西安那州的偏遠地區，負責交換學生計畫的人草率審查寄宿家庭的背景資料。結果我第一個「家以外的家」是個充滿罪犯的可怕家族，他們的長子在我來的前一年被判謀殺罪，我睡的就是他的床。更糟的是我抵達兩天後，寄宿家庭的爸媽就偷走我所有錢。

睡在殺人犯的床榻再加上遺失所有錢財，這不是我所期待的美國新生活。我離開中國原生家庭的支持與保護，落腳處卻讓我失去信任。我很害怕，不知所措。最後我向高中學監報告這起竊案，他再去報警。後來寄宿家庭的父母遭到逮捕，負責交換學生計畫的人懊惱不已，隨即將我換到另一個家庭——幸好這個家庭非常棒，我在那裡不但重新體會到愛與信任、得到了宗教信仰，也認識到世上有好人與壞人，他們對待我的方式絕對不一樣。

儘管經過一番折騰，我立志在美國創業的夢想依舊同樣強烈。事實上，我根本不認為會失敗。成為一個創業家似乎是我的天命或注定要走的道路，而不是我個人的選擇。這個目標已經根深蒂固，想甩也甩不掉。

上完一年高中，加上半年的語言學校課程，我的英語能力突飛猛進。當時是一九九九年一月，我已經準備去大學上課。我還記得上猶他大學的第一天，當時我十七歲，整座校園在前一晚的暴風雪吹襲下變得白茫茫。我至今還聽得見當時腳步聲——噗、噗、噗，我早上跨越雪地去上課，留下那天第一道腳印。大學就是眼前的嶄新雪景，我準備在這裡開拓前程，成為下一個偉大的美國移民創業家。我年輕、有抱負又充滿活力，凡事都有可能。

第一次有機會創業是我還在大學時；好幾年來，我都不斷構思自己可以發明哪些酷炫裝置。某天翻開舊相簿，我看到小時候溜滑輪的照片，和朋友一起溜滑輪的時光是我最快樂的兒時回憶。我突然想到，如果能在網球鞋上加上滑輪，那不知道有多棒，大人、小孩走一走，下一分鐘就能和朋友溜來溜去。整個世界就像超大的溜冰場，到處都洋溢著幸福歡笑！

興奮之餘，我拿出素描本，開始描繪各種將輪子加到鞋上的方法。我太愛這個想法，甚至畫出正式設計藍圖，打算拿去申請專利，我為此耗費整個週末的時間。畫完之後，我的感覺彷彿是創作了《蒙娜麗莎》般的曠世鉅作。

當然，這個點子可能不是改寫世界的偉大主意，卻是我的點子，而且我覺得很正點，也許是開啟我創業鉅子之路的處女作。

我有個叔叔住在聖地牙哥，他是我父親最小的弟弟，我從小就很敬重他。我的雙親都很大而化之，這位叔叔卻非常嚴格，要求很多，我卻更希望得到他的認可。老實說，我小時候很怕他，但是我知道他關心我，希望我出人頭地。我搬到美國之後和他更親近，幾乎當他是另一個父親，我的兒子甚至和他同名。只要他喜歡我的點子，認可我的選擇，我便更有自信。因此我寄了一份草圖給他，迫不及待想知道他對「有輪子的鞋子」有何看法，希望得到他的鼓勵。

結果不但沒得到支持，反而討來一頓好罵，可以想見我的心情有多失落。叔叔認為我的點子愚蠢傻氣，責備我沒專心精進課業、加強英語能力，還花時間想些離譜的餿主意。

我意志消沉，把草圖丟進抽屜，再也沒想過這件事情。如果連親叔叔都駁斥了這個點子，其他人更無法接受，我可不希望在公眾場合對陌生人推銷失利。因此我努力專心學業，改善語文能力。我用了幾千張閃卡，每天花費好幾小時背誦新單字。優異的成績絕對能博得家人的讚賞，尤其是叔叔。我不只希望得到他們的肯定，簡直是熱切期盼。我告訴自己，科科拿A和大量的詞庫也許日後可以幫助我成為更成功的企業家。

優異成績的確有所回報。我申請到楊百翰大學的獎學金，因此轉學，在那裡修得學士學位，然而我總覺得自己錯過了更遠大的目標。

兩年後，名叫羅傑・亞當斯的男子以一模一樣的點子（暴走鞋）申請專利，創立了希利斯公司。二〇〇七年，該公司首次公開發行股票，外界粗估「希利斯」市值約十億美元；我的藍圖卻躺在抽屜裡蒙塵。而且抽屜裡的藍圖可不只有這一張，多年來，我想出數十個點子，這些構思在我心中都可以成為暢銷產品。然而我卻沒能貫徹始終，只是一張又一張地疊上去，最後輕輕關上抽屜。

當然，沒有人能保證我的輪鞋點子可以像亞當斯的公司同樣成功，我的其他發想也不見得能大發利市。然而我從未給它們或給我自己機會，世人還來不及拒絕它們之前，這些點子就先在我這裡吃了閉門羹。一聽到否認的聲音就放棄，比進一步接受外界公評更安全。自己先否決，感覺輕鬆多了。

但是每當我在商場、人行道、遊樂場看到小朋友穿著暴走鞋，或是在報章雜誌讀到亞當斯如何將孩提的嗜好轉化為流行風潮時，我就會想到自己原本可能打下的江山。那種痛苦、懊惱幾乎是無可忍受。

大學畢業之後，我以為有了資訊工程的學位就能放手創業，結果卻正好相反。家庭和社會的壓力並未從此消失，反而越來越大。我不只想當好學生得到肯定，現在更想找到穩定的好工作博取讚賞。我大學時期沒創業，畢業之後沒實現企業家的抱負，只是一次次轉換工作，最後才發現自己的志向其實不在資訊工程。擔心自己選錯道路，我決定用最保險的方法轉換事業跑道：再度回到熟悉的校園環境，這一回是到杜克大學拿企管碩士。畢業之後，我在財星五百大企業中擔任行銷人員。我以為顯赫學歷和六位數收入所帶來的榮譽可以滿足心裡的創業夢，結果真是大錯特錯。

到新公司的第一天，上司要我寫一篇簡短的自我介紹。其中有一題是「如果不在這個工作崗位，你會做什麼呢？」，我毫不猶豫地寫下「當企業家」。後來有人問我，「怎麼不去做呢？」我無言以對。

時間過得好快，當年的雄心壯志和現實人生竟然能有如此大的差距。簡而言之，我出賣了自己的夢想。那個走在雪地的少年並未成為下一個比爾・蓋茲，反而成為行銷經理，默默地等升遷，哀怨地坐領高薪。朋友的欽羨或家人的驕傲偶爾可以短暫鼓勵我，讓我誤以為人生一帆風順。其實，時間無情的滴答聲就像太陽，融化我那片理想和抱負的雪地。記得有一天下班之後，我把自己關進更衣室，啜泣了好幾小時，我已經很多年沒哭過了。

如今坐在毯子上等著看煙火，我不禁覺得創業之夢還沒起飛就結束了。既然我在十八歲上大學時，或是二十二歲單身時、二十八歲拿到企管碩士時，都沒放手一搏創立公司，如今身為三十歲的中階經理人，幾週後又即將成為父親，怎麼可能實現夢想？伴隨著人父身分而來的是全新的責任，我大概永遠別想追夢了。

天上傳來莫大的煙火爆裂聲，繽紛的色彩點亮黑暗夜空。我坐著沉思自己的未來，天空彷彿放映我人生的走馬燈。在公司，我會繼續推銷更多產品，訓練更多員工，推動更多計畫。在家裡，我們會再生一、兩個孩子，送他們上學、供他們讀大學。最後一個畫面停在我的葬禮，有人致詞，誦文感人卻了無新意，讚美我忠誠、可靠。但是內容可以套用在所有好人身上——而不是我夢寐以求、改變世界的企業家。

崔西回頭看我。她幾週前就發現我心情低落，也知道原因。「買車、買房、升官、換工作，以後都有機會。總之，你不能再懊惱地過日子，」她說，然後我太太——當時已經大腹便便——做了一件了不起的事情。她要我辭職，盡最大努力在六個月內創立自己的公司。如果半年後還是一事無成，也無法吸引資金挹注，我就回去當上班族。

想到可以自由追尋夢想，我的腎上腺素瞬間飆漲，然而恐懼很快就隨之而來。倘若失敗，沒有人可以保證我能再找到條件同樣優渥的工作，朋友也會當我是傻子。此外，還有岳父母那一關。

崔西和我一樣，都在中國出生，她的父母對工作和成功的看法非常傳統。我的岳父，就像多數岳父，不太相信贏得他愛女芳心的男人。但是根據崔西的轉述，他很欣賞我努力養家的態度。難道他聽到我辭職不會抓狂嗎？「我會搞定我爸媽，叫他們不用擔心，」她說。「你只管盡心盡力，不要留下任何悔恨。」我常常覺得自己高攀了老婆，就如同這一刻。

長久以來，我幻想有一天能遞辭呈，創立公司。現在終於等到這一天——我卻不知道該如何進行。我該學《征服情海》的主人翁嗎？在奮而離開公司前先發表慷慨激昂的演說？還是應該更誇張？學捷藍航空的空少，宣布辭職後就從緊急逃生梯溜下飛機[1]？

兩件事我都沒做，因為我在七月五日遞出兩週後離職的辭呈，當時非常不安害怕。那份工作一直是我的防護網，一旦離開我就無法回頭，我即將踏上偉大的未知旅程。怪的是我還擔心上司的反應，我對被拒絕的恐懼顯然根深蒂固，我甚至擔心她拒收辭呈。我既不希望惹她不開心，但又知道自己非這麼做不可。因此我一邊想著堆滿藍圖的抽屜，一邊鼓起勇氣敲她的辦公室。

進去之後，我支支吾吾地說出準備好的台詞，說我夢想當個企業家。「如果現在不做，我永遠不會做了。」我告訴她，幾乎是懇求她諒解我，不要因此生我的氣，那段話當然遠遠比不上《征服情海》男主角的氣勢。

我的上司一臉驚訝，似乎瞪著我看了好幾分鐘，我不知道她想些什麼。她也許心想我不知道發了什麼瘋，才會在當爸爸之前決定辭職，放棄一份好收入。我不希望她對我留下壞印象，否則彷彿我整個人遭到否定。然而我不知道該說什麼，只能在椅子裡不安地扭動身體。

最後，她終於恢復說話能力。「噢，天啊！」她大叫。「這下誰來負責你的工作？上頭剛剛才決定凍結人事，我該怎麼辦？」我怕她拒絕我，結果她想的完全是兩回事。

我很快就把離職的事情告訴朋友，每次聽到自己開口說的話都有點意外。親友來參加產前派對時，我乘機宣布消息，結果是一片尷尬的沉默。大家鴉雀無聲，安靜到連筷子掉到地上都聽得見。

提出辭呈兩週後，我最後一次走出偌大的辦公大樓，告別我的薪水、保險、退休福利、隨時有空調的辦公室。我的舒適享受——以及無法實現夢想

1. 二〇一〇年，廉航 JetBlue 的資深空少與無禮乘客吵架後抓狂暴走，還用機上廣播系統罵髒話，宣布自己不幹了。接著打開緊急逃生滑梯「落跑」，雖然事後被捕，卻得到不少網友的同情聲援。

的藉口——在後照鏡中越來越渺小，也離我越來越遠。我翹首盼望，覺得自由自在，同時也很害怕。崔西預計四天後就會生下我的兒子，布萊恩。

挖哩咧，我告訴自己。這次玩真的，我最好別搞砸。

世界上沒有手冊教你如何發想「下一樣大發明」，但是每家新創公司都是從一個點子開始萌芽。我反覆思索某件事已經有一陣子，我認為可行，而且比暴走鞋更純熟，那就是人們信守承諾的方法和理由。大家每天隨意對朋友、家人、同事掛保證。如果我可以研發一款應用程式，人們實現諾言就能得到點數或積分呢？說到做到這件事如果能「遊戲化」，大家可能更有意願遵守承諾、改善關係，在實踐的過程中還能得到樂趣。我和許多朋友、崇敬的企業家提過，多數人都喜歡這個點子，有些人甚至還和我聊了好幾個小時。他們的反應告訴我，這個點子可行，我總算——終於——有自信實現創業的主意。

提出辭呈的那天，我便開始找人幫我寫出這個應用程式。說得明確一點，我需要頂尖軟體工程師寫程式碼。（在軟體新創公司的世界，我是所謂的「門外漢」創辦人，這表示我有點子、有行銷專長，卻不具備開發應用程式的超殺技巧。）我開始徵人，不放過任何一個可能有線索的朋友。問遍熟人之後，我也接觸座談會甚至籃球場上的陌生人。由於無法親身接洽，我還上網到Craiglist和領英（LinkedIn）網站徵才。

皇天不負苦心人，我在幾週之內就找齊聰明過人的國際化團隊。第一個是維克，他即將拿到資訊工程碩士，而且IBM已經向他招手。只要我想得到，維克都能寫得出程式。第二人是陳，他是專精演算法的資訊工程博士候選人，休閒娛樂就是研讀軟體架構理論。此外還有布蘭登，他住在猶他州，是個名符其實的駭客，高中時就賣掉自創的駭客軟體牟利。後來休學不上大學，因為他的手機應用程式公司業務蒸蒸日上。最後一位是維傑，他是來自印度的工程師，也是我的前同事。我們從未碰過面，但是我知道他不但工作勤奮，也是編碼大師。

我以自己的團隊為榮，他們相信我的理想，願意助我一臂之力更是令我備感光榮。僱用他們之後，我在專門為創業者所設計的奧斯汀市中心商務中心租了辦公室，大家就此上工。當然開發應用程式、創立公司都很困難、複雜，也需要日復一日的長時間工作，但是我開心極了。

我很驚訝一群能幹的工程師開發軟體的能力有多快速，我們風馳電掣地完成五個反覆式流程，在三個月內開發了一款簡單又有趣的網頁應用程式和 iPhone 應用程式。我們自己開始使用這些應用程式，也驚訝地發現，因為我們想實現諾言得到分數，更大幅提高工作產能。想當然爾，身為開發者的我們熱愛這個應用程式是一回事，把軟體推銷給消費者就困難多了，畢竟市面上有各式各樣的手機應用程式。每天都有幾千個應用程式上市，我們得在茫茫網海中脫穎而出。這個概念顯然很有意思，也許不會立刻熱賣，但是假以時日，我們一定有辦法成功。

我們需要資金。當時崔西和我結婚已經兩年，也一直努力存錢，然而我已經把多數積蓄用來成立新公司。隨著人事和運作費用逐漸增加，那筆錢迅速減少。我再燒錢，一定會危及家中經濟，何況孩子就快出世。崔西給我半年的時間，我必須找到金主，證明這筆投資沒有押錯寶。

成立公司四個月後，我的祈禱似乎靈驗了。有人有興趣投資這個應用程式，我花了好幾小時草擬稿子，準備簡報。我們整組人一起練習，不斷地重複演練，好像是要去參加實境節目「創業鯊魚幫」。那次簡報獲得大成功，至少我們自己很滿意，還擊掌慶祝。接下來就是等等等——那是我一生中最痛苦的等待。

這並不是我第一次焦急期盼別人決定我的命運。十五歲那年，我等了好幾週，等待北京的美國大使館發簽證讓我來美國求學（我拿到了）。十七歲，我等待楊百翰大學決定是否提供獎學金，好讓我負擔自己的學費（我拿到了）。二十五歲，我等待杜克商學院的入學許可（我拿到了）。二十八歲，我在四百個同學面前向崔西求婚，等她點頭答應（那是我聽過最美妙的回覆）。那些時刻都叫人膽顫心驚，也牽涉到足以改變人生的決定。不知為何，相較之下，這次等待投資方的答案最令我坐立難安。

我依舊相信自己注定會成為偉大的創業家，但是我只剩兩個月的時間追求夢想，這筆投資似乎是唯一的希望。我太希望願望成真，甚至五度夢到對方點頭答應，每次醒來都以為我已經拿到這筆資金。我清楚地記得，自己在夢中拿起話筒，打給妻子、家人，報告這個大好消息。

幾天後，我去某家餐廳參加朋友的慶生會，當時手機開始震動，是投資人傳來的電郵。我的手開始顫抖，一種不祥的預感淹沒我。

我握著手機許久，都沒點開電郵，希望把所有正面能量集中到這封信。

點開之後看到內容非常短，對方拒絕了。

CHAPTER —— 2

克服被拒絕的心情

我把手機遞給崔西，好讓她看到電郵內容，接著便找個理由出去。我身邊有離開餐廳的人潮，有剛要進門的顧客，也聽得到朋友在餐廳裡歡唱生日快樂歌。就像國慶日當天，我又自覺像個孤單的失意人，在歡欣鼓舞的人群間感到悵然若失。

我在停車場站了十五分鐘，努力控制自己的情緒。最後終於回到席間，但是應該沒再說過一句話。後來崔西告訴我，當時我的臉色就像《靈異第六感》裡看到死人的小孩。

前幾個月，我每天開車上班都覺得心情雀躍——似乎終於實現天命。但是金主回絕之後，一切都變了。車程令人沮喪，車陣更叫人無法忍受。我本來越來越喜歡辦公室，那個空間卻突然變得不友善，就連平常嘻嘻哈哈的總務人員彷彿都板起臉來。我被拒絕了。我的夢想被拒絕了，我的心好痛。

成功不再是必然的結果。事實上，似乎不可能了，我開始懷疑自己的點子：那位潛在金主是商場老手，如果他認為我的公司不值得投資，肯定有幾分真實性。

我也開始懷疑自己：你以為你是誰？誰說你注定會成為成功的企業家？你只是幼稚地癡人說夢話。老兄，歡迎來到現實世界。只有比爾．蓋茲和史帝夫．賈伯斯這類天才，才能成功創業，你和別人一樣，只是不切實際的冒牌貨。

然後我開始氣自己：你搞什麼鬼？竟然放棄大好工作，一頭栽進不熟悉的行業，你到底是有多蠢啊？

我也同情起崔西，深信自己不如她想像的能幹，害她失望了。看看這有多令人難受？你要撐到最後，再度處處被拒絕嗎？我才不幹哩！

最後，我開始心生恐懼：現在該怎麼辦？你的朋友會說什麼？岳父母家的人又會怎麼說？他們可能認為你是不理智又不負責任的丈夫和父親——也許你真的是。

不安全感造成的問題就是你會開始覺得人人都可能給你軟釘子碰，即使是你最親密的家人。投資者拒絕之後，我第一天回到自己公司簡直悶到極點。當天晚上回家，我覺得有必要向崔西道歉。我說我很抱歉自己失敗了，也許創業人生不適合我，我建議提早設下停損點，提前幾個禮拜找新工作，才能再開始攢錢。

說完之後，我看著崔西，期待她抱抱我，安慰我。結果她斥責我，「我給你六個月的時間，不是四個月。你還有兩個月，繼續努力，不要到時候才遺憾！」我本來已經準備放棄，崔西卻有不同的看法。她怒氣沖沖，就像四分衛看到線鋒放棄攻勢，火冒三丈地扯掉隊友面罩大吼大叫。我再度覺得，自己真是「高攀」了。

我同意再堅持兩個月，並且在這段時間內竭盡所能推動我的點子和公司。然而上次募資不成導致我害怕再次被拒絕，我希望接洽其他投資人，又擔心如果他們都拒絕，我的夢想就無法萌芽了。照鏡子時，我看到一個懷有雄心壯志卻不知道如何處理被拒絕情緒的男人。我在安穩的企業環境中工作多年，團隊的羽翼為我擋掉風險，我也不習慣出風頭。倘若我真心想當個創業者，我必須更能消化處理別人說**不要**。難道愛迪生、松下幸之助或比爾．

蓋茲四個月就放棄嗎？不可能！

我還有兩個月可以改善應用程式、尋找金主；也知道自己被拒絕時必須更堅強，不僅要克服恐懼，還得學會在逆境中成長。如果我是大衛，被拒絕這件事就是巨人歌利亞[2]。我必須找對工具，穿對鎧甲，拿對彈弓，才能殺死他。

我先用手邊最高科技的武器，也就是谷歌（Google）搜尋引擎。我在搜尋欄輸入「克服被拒絕心情」，迅速掃視結果：有一篇教戰守則、許多心理學文章以及各種發人省思的金玉良言，可惜沒有一篇可以解決我的問題。我對尋求心理諮商或諺語格言都沒興趣，我需要付諸行動。

點了許多連結之後，我無意間看到「被拒絕療法」的網站——這個遊戲是加拿大創業家傑森．康利所創，你在遊戲過程中故意重複碰釘子，適應不這個字眼所帶來的痛苦。不知為何，我覺得這個點子很妙，令我聯想到古代功夫裡的鐵拳技法，也就是練家子不斷拿拳頭連打硬物，克服疼痛感。

也許我看了太多功夫電影，但是這種反覆不斷找釘子碰，藉此克服恐懼心情的做法，對我而言特別有吸引力。這正是我需要的答案——以練鐵拳的方法面對被拒絕。我小時候也用類似手段征服微軟，這次不只矢志嘗試「拒絕療法」，還要努力一百次，全程錄影，並且用這個主題創立部落格。我創立網域名稱 FearBuster.com，就此開創部落格「被拒絕的一百天」。我從未寫過部落格，卻很欣賞隨之而來的責任感。只要有人追蹤，我就無法半途而廢。

康利的遊戲販售一組卡片，上面寫了各種任務，玩家可以每天照做，練習忍受拒絕，例如「在臉書上加陌生人當好友」，或是「向行人問路」。我認為這些項目太過溫和，希望提出更有創意甚至略帶瘋狂的要求，而且我希望這是別人從未嘗試過的事項。原本令我心生恐懼的任務，也許可以因此添加幾分樂趣。

隔天，我展開被拒絕之旅。

2. Goliath，出自聖經撒母耳記上第十七章，這名巨人被日後以色列的王大衛所殺。

被拒絕的一百天：第一天

這一天快過完，我卻沒有任何行動。踏出第一步不容易，一方面是因為想到會遭人拒絕就令我頭皮發麻，一方面是我不知道該提出哪種請求。晚上穿越辦公大樓大廳時，看到警衛坐在櫃檯後方，我突然靈機一動。如果我開口向他借一百美元呢？我才在心裡提出這個問題，脖子就寒毛直豎，他顯然會拒絕，正中我的下懷。但是他會怎麼說呢？會臭罵我一頓？嘲笑我？抽出短棍痛打我？會不會認為我是瘋子，還打去附近精神院查問是否有六呎高的亞裔男性病患失蹤——全程把我的頭夾在他腋下？慢著，這個人有槍或電擊棒嗎？

這些問題一次湧進我腦中，而且越想越可怕。所以我決定在自己嚇死自己之前，搶先丟出這個該死的問題，看看會有什麼後果。我拿出手機，按下錄影鍵，鏡頭對準我自己。「好，這是我第一次嘗試，我要向陌生人借一百美元。呃……真難啟齒，但我還是試試看吧。」

我舉高手機錄影，走向正在看報的警衛。

「打擾了，」我的心臟狂跳，彷彿剛剛灌下五杯咖啡。

他往上瞥，還來不及說話，我就搶著提出問題。「我可以向你借一百美元嗎？」

他皺眉。「不行，為什麼？」

「不行？好，不行？了解，謝了！」我語無倫次，耳朵突然嗡嗡響。我像隻弱小動物般倉皇離開，趁掠食動物考慮繼續追捕或放過我時盡快逃命。

我走到大樓一角，坐下來喘口氣。有人可能不明白這有什麼好大驚小怪，但是在我看來，開口討錢遭到拒絕是莫大的失敗和恥辱。我移民來美國，進入一流學府，曾在優良企業上班，這個社會地位是我努力多年掙來的，我很自豪。開口向陌生人借錢已經夠為難，被拒絕更教人難堪，儘管這只是故意找釘子碰。

天哪，糟透了，我對自己說。希望爸爸不會看到這段影片，叔叔看到就更慘了。即使只是假裝行乞，我也不希望他們看到。然而這是被拒絕療法，畢竟治療本身就很痛苦，我步出大樓，希望下次會覺得好受些。

為了上傳到 YouTube 和我的部落格，我當晚先編輯影片，又得到全新的看法。畫面裡的我非常驚恐，提出要求之前對著鏡頭說話時，我似乎成了畫家孟克筆下《吶喊》中的人，只是多了一抹勉強的微笑、虛長了幾根頭髮。如果我那麼害怕，不知道警衛做何感想。

我繼續看到自己提出問題，警衛回答的那段。他說「不行。」可是他也問了「為什麼？」——給我機會解釋。我光提問就夠慌張，以致於沒聽清楚他的完整回答。也許他覺得我莫名其妙，也許他看出我有多害怕，以為我是不是惹上麻煩。總之，他好意延長對談。我大可以老實地說，「我想克服被拒絕的恐懼，所以逼自己提出各種無理要求。」或是「我想看看自己能不能化不可能為可能，如果你信任我，借我一百美元，我會立刻還給你。我就在樓上上班，如果你想查清楚，這是我的駕照。」我大可說出各種回答，至少別讓他以為我是瘋子，也讓他更放心。

結果我說什麼？「不行？好。不行？了解，謝了！」一心想迅速逃離現場。看著眼前這段畫面，我只有一個念頭：**我白白浪費了大好機會**。因為恐懼，我成了口齒不清的笨蛋。

我想著部落格內容時，也不禁納悶：我為什麼那麼害怕？警衛根本不可怕也不嚇人，肯定不會因為我提出一個問題就拿警棍痛打我。但是我對他的態度似乎當他是飢腸轆轆的猛虎，我的目標是被拒絕，也如願以償了。既然如此，那一刻到底有什麼駭人之處？

我沒有答案，但是我知道心裡的恐懼對結果有負面影響。我決定隔天要以不同的態度被拒絕，這次要表現出自信和沉著，看看是否有同樣的結果。我希望可以好好對談，也要把自己的行為解釋清楚。如果有可能，我甚至希望能加點幽默感。

被拒絕的一百天：第二天

那是隔天的午休時間。我餓壞了，去Five Guys Burgers and Fries點了多汁的大份起司培根堡。狼吞虎嚥幾口吃完之後，味蕾懇求我再點一份。我先前點了汽水，站在機器前拿飲料時，看到招牌寫著「免費續杯」。我靈機一動，知道下一個被拒絕計畫要做什麼了。這次我沒多想，免得嚇壞自己。我拿出iPhone，按下錄影鍵，走向櫃檯。

「請問需要什麼？」工作人員問。

我站直挺胸，直視對方。「你們的漢堡真好吃，可以續盤嗎？」

「呃……啊……什麼？」他開始口吃，想確定自己沒聽錯。我又複述了一次。

「漢堡續盤？什麼意思？」他滿臉問號。

「就是免費再來一客，你們可以免費送漢堡嗎？」我試著用一派輕鬆的口吻問他，似乎提出的是再合理也不過的要求。

對方說不行，但是這次我沒走開，又繼續追問——還得因為問題之荒謬，努力忍著別笑出來。「為什麼飲料就可以免費續杯，漢堡卻不行？」

「就是這樣啊，老兄。」這次櫃檯人員笑了起來。

我告訴他，如果他們提供漢堡免費續盤，我一定更喜歡這家餐廳，接著便微笑走開。

趁著當晚編輯影片，我分析起對話內容。我看到這次自己的行為有所改變，雖然依舊略帶緊張，但是沒有彷彿攸關生死的驚慌情緒，也少了前一晚在大廳感受到的羞愧。更重要的是我覺得頗有趣，而且被拒絕之後還能繼續交談，不會一溜煙逃開，櫃檯人員甚至笑了。

展開被拒絕之旅才兩天，我就學到重要的第一課：提出要求的態度——以及之後如何延續對話——會影響結果。也許不會改變結局，但可以減少被拒絕帶來的殺傷力。落落大方的自信表現——不要畏畏縮縮——會帶來截然不同的體驗。如果我在職場上可以建立這種自信，遭到拒絕時就不會覺得心亂如麻，也不會感到痛苦萬分。

才兩天，我已經覺得自己堅強多了。如今恐慌的情緒漸漸消褪，我又恢復創造力。我覺得更自在，也比較不怕聽到別人說「不行」。

被拒絕的一百天：第三天

隔天早上，我塞在車陣裡，心想當天該如何尋找被拒絕經驗，此時看到路邊有甜甜圈店 Krispy Kreme。當時是舉辦倫敦奧運的二〇一二年，我心生一計。當晚下班回家途中，我開去甜甜圈店嘗試這個無與倫比的被拒絕計畫。我要請他們幫我做五個甜甜圈，而且要照奧運標誌的形狀般環環相連。他們如果拒絕我，我就買一盒甜甜圈打道回府，既能完成任務，又可以享受甜食。

我稍微提早下班時間，開車去 Krispy Kreme，這次竟然還有點期待被拒絕，也許是因為有甜點可吃吧。我在車上就開始錄影，先傳上半集上網。店裡生意興隆，我趁排隊時想了幾個笑話，默默為自己打氣，要拿出沉著、自信、莊重的態度。後來看影片，我聽到自己悄悄說，「不會有事的。」我想像自己是中國版的柯林頓，因為他是我心目中最有群眾魅力的人，希望能藉此提高信心。

終於輪到我了。店員——後來我才知道對方是值班經理——約莫四十多歲，綁成馬尾的金髮上戴著印有店名的棒球帽。

「請問需要什麼？」她問。

我露出柯林頓般的笑容（希望夠像），提出問題：「可以幫我特製甜甜圈嗎？」

「你要哪種特製甜甜圈？」

「呃，我想要……」我低頭遲疑了一秒，然後抬頭看著牆上的點單，彷彿上面列有「奧運甜甜圈」。

我深呼吸，強迫自己重新直視對方。「可以連結五個甜甜圈，做成奧運標誌的模樣嗎？」

她歪頭，一手扶著下巴，意外地說「喔！」

此後的發展就妙了。

「什麼時候要呢？」幾秒後，她問我。

「啊？」我咕噥著，似乎聽不懂。我沒想到她會這麼問。

「什麼時候要？」她複述。

我又頓了一秒。我滿心以為她會拒絕，我就可以說出理由，順便插科打諢，然後踏上歸途。但是她問我何時要，似乎認真看待我的要求。

「十五分鐘可以嗎？」我說，希望緊迫的時間會逼迫她立刻拒絕。

她別過頭，一手還扶著下巴，開始沉思。

接著拿出紙、筆。我們花了幾分鐘來回討論甜甜圈的模樣，她開始寫筆記，在紙上畫出五環。她喃喃自語，敘述自己要如何用店裡的烤盤和油鍋製作。

接著，她的神情彷彿是立志奪下金牌的奧運選手，看著我說，「我盡力而為。」便走進廚房。

我找到座位，坐下來等。這是真的嗎？我不斷問自己。我提出可笑的要求，一心只想被拒絕。結果她竟然答應，這下我還真是無言以對。

我的手機響了，崔西問我何時會到家，晚餐已經準備好了。「妳得再等幾分鐘，」我告訴她。「記得我的『被拒絕的一百天』計畫嗎？」

「記得……」她慢慢地說，顯然懷疑我是不是捅了什麼樓子。

「不可思議的事情發生了，」我說。「回家以後再解釋。相信我，妳的等待絕對值得。」

幾分鐘後，那位女士拿著一盒甜甜圈從廚房走出來。裡面有五個環環相扣的甜甜圈，每個都灑上對應色彩的糖霜。不可能猜不到，這就是奧運五環。

「哇！」我說。「太厲害了。好棒喔！」這時我才注意到她的名牌上寫著「賈姬」，後來我知道她的全名是賈姬．布隆，來自紐約。

「賈姬，」我說。「妳是我的偶像！」

她說我太客氣了，然後露出燦爛微笑，那是只有自己逗樂別人時才有的笑容。

無論她開價多少，我都願意支付，也掏出皮夾。但是賈姬再度令我大感意外，「沒關係，我請客。」

我不可置信，甚至問她是不是說真的還問了兩次，她沒開玩笑。

我不知道該如何感謝她，本來只是想握手，結果我開心擁抱她。

回程車上，我不斷看著助手座的甜甜圈。我可不是每天都能體驗到——甚至聽到——賈姬這種貼心又和善的服務。我在報章雜誌上讀過速食餐廳有鬥毆、竊盜、財團黑心行徑和低下的食物品質。但速食餐廳的經理願意在十五分鐘之內完成顧客的荒謬要求？這才真了不起！

還有一點更值得矚目：我的被拒絕計畫被拒絕了。我的笑話沒派上用場，我沒解釋原委，也不需要發揮柯林頓等級的風采——我什麼也不必做，只要鼓起勇氣提出要求，就能得到肯定的回覆。賈姬和我共同將我的瘋狂點子化為現實，我們踏出平凡日子的框架，而且不亦樂乎。如果我沒提出那個要求，我就無法體驗這一刻。奧運五環甜甜圈不會出現，賈姬也不會有機會以別出心裁的方式取悅顧客。開車回家途中，我不由自主地認為這個世界可親多了，人們也更比我想像中更和善。

我興奮不已，打從孩提時代之後就沒有這種心情。這不同於惡作劇成功的快感，也不同於意外獲勝所致的腎上腺素飆漲，而是一種……凡事都有可能的心情。原來世界充滿更多可能性，遠超出我的想像。如果我能輕鬆說動Krespy Kreme為我製作奧運甜甜圈，只要我敢要求，還能辦到什麼事情呢？我修正：如果我努力，還能做到什麼？

我回家之後給崔西看影片，她和我一樣驚訝，也驚呼「哇！」用完晚餐（早就涼了），我們吃起意外的甜點：奧運甜甜圈。糖霜很甜，但是甜甜圈背後的涵義更教我們窩心。

餐後，我將影片上傳到YouTube和視訊部落格，也發表這次體驗的感想。我希望分享這個故事，告訴大家奧斯汀甜甜圈店有個了不起的員工認真看待工作，為我帶來美好的一天；也想證明只要一丁點勇氣和創意，就能有如此美妙的結果。希望點擊數能有好幾百人，並且在觀賞後更信任別人，心胸更開放。希望如此。

聖經說，使徒保羅原本迫害基督徒，殺害早期追隨耶穌的門徒。但是某次前往大馬士革，他親身感受到耶穌的存在，因而有了宗教史上最傳奇也最重要的對答。後來保羅成了影響深遠的傳教士，他傳道、寫作，因而改寫人類歷史，加速基督教的傳播，最後羅馬帝國甚至將基督教奉為主要宗教。

我不是使徒保羅，甜甜圈店的賈姬也不是耶穌。但是我這趟前往Krispy Kreme似乎等同保羅的大馬士革之旅，我的世界觀就此改變，彷彿得到新生。第一、第二次被拒絕改變我的看法，第三次卻讓我改頭換面。遇見賈姬之前，我從沒想過人們可能答應我的要求。多虧這次經驗，原本我只是想被拒絕，繼而消化處理隨之而來的痛苦情緒，後來則只是專注於鼓起勇氣提出要求。別人答應或拒絕已經不是我關心的重點，也許這表示我較不在乎別人對我的看法。這種轉變真是令人心曠神怡。

被拒絕的一百天：第四到第六天

第二天，我前往「達美樂披薩」，詢問我能不能免費幫忙送一次披薩。第三天，我問雜貨店店員能不能帶我參觀他們的倉庫。兩個請求的答案都是「不行」，我卻不放在心上。我覺得既有自信又輕鬆，而且玩得很開心。

同時我也覺得該加強挑戰難度。截至目前為止，我找的都是值班中的員工。基本上，他們都得和我說話，因為面對顧客本來就是他們的工作。某天開車回家途中，我忖度著，如果找個沒必要搭理我的人呢？我光想到，又覺得頸背寒毛直豎，但是我要逼自己隨時都如坐針氈。因此我想到第六個被拒絕計畫：敲陌生人家門，請對方讓我到他的後院踢足球。

當我住在美國其他地方時，一旦看到（或做了）可能被視為不正常或危險的事情，常聽到別人說「在德州，你早就吃子彈了。」而奧斯汀就是「你早就吃子彈」州的首府。我的第六個要求是隨便選個德州人的私人空間入侵，無論怎麼看，都不是好點子。因此我在門口等達拉斯牛仔隊球迷開門，足球裝備內早已汗流浹背，也不禁納悶：我完成這次任務之後還能完好無缺嗎？

牛仔隊球迷史卡特頓了一會兒才回答我的古怪要求，他淡淡微笑說，「好啊。」

接下來的五分鐘是一片模糊：我穿過這名陌生人的房子進入他的後院，在草地上踢出球，拍了一張照片。當時我恐怕比他更困惑，但是我很感激史卡特配合演出。我走出去時，忍不住問他為何答應。

史卡特摸摸下巴，「這個要求太莫名其妙了，我怎麼能拒絕？」

我怎麼能拒絕？

這句話就像暢銷排行榜前十名的歌，永恆地烙在我的腦海。Krespy Kreme 那次之後，我知道會聽到更多人答應我。但是死忠美式足球迷願意少看延長賽，只為了幫陌生人拍攝他在自家後院踢足球的照片？儘管他根本沒理由也沒有任何誘因要答應我，卻還是照辦了，只因為我的要求太莫名其妙。

無庸置疑，不是每個人都會像史卡特一樣答應我。但我從他身上學到，人們聽到問題之後，有時好奇心會左右結果。但凡提出要求的方式足以挑起興趣，更有可能得到肯定的回覆。

傑森．康利原本的遊戲是麻痺被拒絕帶來的挫折感，但是我的「被拒絕的一百天」實驗很快就走上不同的路，成為關於人生和創業的速成課。我發現溝通風格對於結果有莫大的影響力；只要我表現得有自信、友善、坦率，人們似乎更願意配合，即使他們回絕了，至少也會花點時間詢問我。只要我有辦法在每種狀況之下找到合適的溝通方法，也許可以增加不被拒絕的機率，還能減少可能被拒絕帶來的恐懼。

也許被拒絕這檔事不是黑白分明，不是天時地利人和就能成功；也許還有其他方法可以左右、甚至改變結果。每次被拒絕都包含許多變因，包括提問的人是誰，向誰提出要求，提出要求的方法，這個要求被提過幾次，以及在哪裡提出要求。也許這就像個方程式：改變以上任何因素，結果就會截然不同。晚上我躺在床上回憶往事，心想如果自己更早了解這些事情，某些事情也許會有天壤之別的發展。

二十五歲那年，我成功申請到夢中的商學院，計劃拚命學習，以期日後成為領導人和企業家。揹起八萬美元的學生貸款之後，我學到許多理論，可以熟練地做出試算表和 PowerPoint。但是現在展開被拒絕之旅不到一週，我覺得比在商學院期間學到了更多心理學和創業技巧。

改變不只於此：我的自信和舉止態度也包括在內。

先前才向警衛借一百美元，我的行為和儀態卻在一週內開始轉變。我依舊和新創公司的同仁一起上班，努力想推出我們設計的應用程式。但是以前我領導的同事略帶不安和焦慮，如今卻更投入。我的笑容更多，主持會議時也更泰然自若。我可以更自在地提出意見，不再仔細觀察對方表情，研究他們的反應。我請人提出建議時不再只是尋求贊同，也更懂得批評指教並非人身攻擊。以往當我聽到建言隱含任何評判，負面情緒便會隨之而來，現在反而更能接受他人的建議。我覺得自己身為老闆，會詢問、聆聽，激發創意，不再只會發號施令。我的信心大增。

這些改變也不止於公司。當我發現自己的舉止如何影響周遭的世界，我和妻子或朋友的對話內容也更清晰、更謹慎。被拒絕的一百天的計劃才開始幾週，就有好幾個人說我好像改頭換面，更有自信了。即便是岳父母家的人對我也改觀，開始尊重我。

感覺如同脫胎換骨，就像推銷勵志課程的深夜廣告常提到的神奇過程。我向來深信唯有努力才能實現夢想，不太相信這種生命蛻變的故事。這下我卻親身經歷，學到嶄新、刺激又實用的經驗，我簡直等不及要得到下一個啟示。

結果發生了一件事情，打斷我正在進行、學習的所有事情。出名。

CHAPTER 3

成名的滋味

自從我開始拍攝、上傳被拒絕影片之後，網站瀏覽人數穩定增加。Krispy Kreme 那則最受歡迎，我一上傳就有幾百個點擊率。

後來有人把那則轉載到 Reddit.com，這個新聞、娛樂網站可以讓用戶貼文或推薦連結，其他人則根據喜惡投票決定排名。最受歡迎的內容則登上該網站的首頁，吸引更多人點閱。使用者「BHSpitMonkey」轉發我的影片，題名是「某人為了被拒絕出怪招，優秀的甜甜圈店經理卻勇於接招」。這則貼文迅速傳開，得到一萬五千個以上的「推」，連續兩天出現在 Reddit.com 的首頁，也吸引了一千兩百多則留言，多數熱烈討論賈姬的反應：

她大大超越了人生的格局，發人省思。

——userofthissite

她是我的偶像。我是披薩店的經理，完全可以理解她。

她說不收費時，我都快哭了，我以後應該更有愛心。

——Ghostronic

——HectorCruzSuarez

也有許多留言提到Krispy Kreme這家公司：

我對Krispy Kreme因此印象大好，雖然我知道不是每家店都有賈姬這類員工。

——不具名留言

這位小姐對Krispy Kreme的貢獻不只是贈送甜甜圈，這件事情對公司而言是珍貴的免費宣傳。

——ubrpwnzr

Krispy Kreme向來令我佩服。

——Wingineer

還有許多關於客服的溫馨留言：

我在零售業工作時最愛這類充滿挑戰的要求（當然啦，顧客的態度也要夠友善）。說真的，只要有機會動腦，我一整天都會很開心。

——mollaby38

這種服務不僅可以留住顧客，還能確保他們不斷光顧，甚至幫店家拉客。

——Peskie

她看起來好高興，我敢說她不僅開心一天，甚至可以樂上一整週，一成不變的生活來點變化也能激起萬丈波濤。

——BennyO_o

除了賈姬和甜甜圈店，也有人注意到我：

重點是只要他勇於冒險，被拒絕機率就會降低，甚至有機會看到不可思議的結果。

——demilitarized_zone

這位小姐願意幫忙，應該可以讓他克服被拒絕的恐懼。

——unknown

我肯定想結交這種人當朋友，因為他是願意以幽默方式正面迎擊恐懼的人。

——MrMiday

Reddit 只是揭開序幕，這則影片隔週就傳到全球。雅虎新聞把它放在首頁，Gawker、MSN 網站、《赫芬頓郵報》、英國的《每日郵報》、《印度時報》也隨後跟進。才過一夜，Krispy Kreme 影片就在全球吸引幾千萬人的觀看。

Krispy Kreme 瞬間得到公關人員夢寐以求的正面宣傳，許多民眾打到美國總部和奧斯汀分店讚美賈姬．布隆。該公司發推文公開讚揚賈姬：「做得好，賈姬！＃愛死賈姬。」這個故事顯然擊中紅心，不僅讓世上許多人感到窩心，還帶來實質的經濟價值。這則影片在網路上爆紅一週後，Krispy Kreme 的股價從七點二三漲到九點三二。誠然，沒有科學方法可以證實，光靠這則影片就貢獻了價值幾百萬美元的百分之二十九股價上揚。但是我非常篤定，這段影片肯定功不可沒。

影片瘋傳時，我正在咖啡廳忙公司的事情。突然間，手機開始瘋狂震動，親友對著話筒尖叫，或是用電郵塞爆我的收件匣。媒體如MSNBC、「史帝夫．哈維秀」、福斯新聞頻道和聽都沒聽過的廣播電台都在語音信箱留言，請我立刻回電，他們才能排時間採訪或請我上節目。《彭博商業周刊》——恰巧也是我喜歡的雜誌——甚至派記者從紐約飛來採訪，寫成《就是要被拒絕》的報導。我彷彿成了超級英雄。

好萊塢也看上這則故事，幾乎才過一天，實境節目的製作人就提出構想，要將我的故事搬上螢幕，請我當被拒絕專家，幫助別人克服恐懼、解決人生疑難雜症。其中一人還說我是「被拒絕班長」，命名的靈感來自暢銷小說《輕聲細語》和馴狗師西薩．米蘭的實境節目「報告狗班長」。甚至有位電影公司的幕後人員找上門，他已經寫出劇本草稿，故事中的我是個沮喪的王老五，被拒絕的一百天之後終於「找到自我」和真愛。儘管現實中的我是快樂的已婚男子，而且才剛展開被拒絕計畫。

路人開始認出我。某天，我走在人行道上，有個駕駛人放慢車速，向我揮手大喊，「我好愛你的影片！」隔天，我們夫妻去買電影票，售票員仔細端詳我的臉，問我是不是拍那些「超屌影片」的人，接著請求和我合影。我答應了——我的題材或許寫成報導《就是要被拒絕》，但是我最好不要讓人被拒絕。我目瞪口呆，不只是因為她要求合照，一切都令我手足無措。這段影片究竟有什麼大不了？

這類事情不斷發生，即使到現在，我都難以相信初衷是克服被拒絕恐懼的影片——這段訂做甜甜圈的影片——竟然讓我成為矚目焦點，這不但是我始料未及，坦白說，也並非我心所願。我曾想像自己創立下一個微軟或谷歌之後可能會出名，而不是因為對抗自己的被拒絕恐懼而走紅。

結果事情的發展越來越詭異。

被拒絕的一百天：請主持人對我兒子唱歌

我斷斷續續收看好幾年的「我要活下去」，我喜歡節目中的比賽、人物和實境節目的刺激氣氛。但是我最欣賞的就是艾美獎最佳主持人的傑夫·普羅布斯特，以及他和參賽者之間充滿同理心的互動。所以全美聯播的「傑夫·普羅布斯特秀」製作人打來邀我上節目時，我知道自己無法拒絕。

兩週後，哥倫比亞廣播公司請我和 Krispy Kreme 的賈姬·布隆飛到好萊塢。之後我又見過賈姬幾次，她的友善與優雅氣度每每令我懾服。錄影前，我們趁化妝空檔聊到這段奇幻旅程——從奧斯汀的甜甜圈店到全國電視台。那段影片迅速傳開之後，已經有數百人到店裡找賈姬。她謝謝我給她機會得到眾人的賞識，但是也堅稱她的反應稀鬆平常，她有許多同事都提供過相同的服務。

製作人還邀了另一個人上節目，就是發明拒絕療法啟發我「被拒絕的一百天計畫」的傑森．康利。我從未見過他，卻立刻覺得我們很投緣，此後就結為好友。他說我的部落格為他的網站帶來更大的流量和商機，也坦承他正經歷人生低潮，覺得我的影片和故事非常勵志。

我們這段就接在賽車手丹妮卡．派翠克的訪談之後；以往的我格外害怕被拒絕，這次上全國聯播節目竟然沒嚇死，也許是因為我最希望得到認可的人當天也在觀眾席。我的叔叔——他是我從小到大的楷模，我的兒子甚至與他同名，也是十四年前打斷我的創業夢想，以致我信心大失的人——大老遠從聖地牙哥開車來看我。看到他在觀眾席微笑鼓勵我，臉上滿是驕傲神采，我自覺是世上最幸運的人。

我也因此有勇氣在攝影機前展開另一個被拒絕計畫。訪談即將結束前，我請主持人傑夫對我兒子唱〈小星星〉。布萊恩最喜歡這首歌，傑夫不僅答應了，還邀請所有觀眾一起合唱。後來傑夫與我握手，「恭喜。」他說。「你的所作所為真是太棒了，這件事很值得探索，繼續啟發我們吧！」

媒體和大眾的矚目都令我受寵若驚，但是如果要我選出最教我意外的一件，就是我的偶像回覆的電郵。

以前我對電話或電郵行銷都感到很猶豫，因為多半會遭到冷落或拒絕。忙碌的名人更不可能回覆，至少我是這麼認定。但是影片走紅之後，我鼓起勇氣寄電郵給我崇拜的幾位人物，因為我希望自己的新創公司能得到他們的寶貴建議。

我寄電郵的對象之一就是賣鞋網站「捷步」的執行長謝家華，尚未辭職前，我曾一遍又一遍地拜讀他的《想好了就豁出去》。書中分享立志創業的夢想，他先後創立網路廣告公司「交換連結」和網路鞋店「捷步」，他一步步克服障礙，實現目標。同樣身為亞裔創業者，我能體會他的掙扎和野心，也渴望擁有他的深刻影響力。

只要敢問，結果可能出乎想像。我竟然收到謝先生助理的回覆，原來他聽過我的故事，也喜歡我拍的影片。他想邀請我飛到「捷步」的賭城總公司，為他的「拉斯維加斯舊城再造計畫」發表演說。

二〇一二年，謝家華致力於為拉斯維加斯舊城注入新血，希望當地不再活在賭城大道的陰影下，轉型成為奧斯汀與舊金山之外的另一個文化和科技新熱點。「舊城再造計畫」希望鼓舞地方產業將自己當成遠大願景的一員，他認為大家聽到我的故事可能更勇於築夢。

我的偶像謝家華邀請我去啟發別人？

一週後，我去拉斯維加斯演講，地點是拖車拼湊的臨時劇院，那裡也象徵舊市區的重建。近年來的經濟衰退重挫拉斯維加斯，房價狂跌三分之二有餘。在興盛時期來到賭城的居民都遭到重創，有些甚至離開，另起爐灶。留下來的人認為舊城遭到全世界排擠，只能勉強打起精神重建、復興往日榮光。

我在台上分享自己的理想、困難，聊到自己的被拒絕計劃——從我決定辭職追求童年夢想，講到金主拒絕、以及我展開一百天計畫以來的神奇經歷。我鼓勵聽眾別氣餒，不要理會外界眼光，繼續為自己和家鄉努力打拚。觀眾起立鼓掌，這是我前所未有的經驗，我因此熱淚盈眶。更不可思議的是人們蜂擁而上，與我握手，謝謝我分享自己的親身經歷，我打擊恐懼的情緒似乎間接幫助到他們。

人潮漸漸散去，謝家華拍拍我的肩膀，邀請我到他的辦公室聊聊。我們這類後起新創公司都以謝家華的經歷和成就馬首是瞻，能坐在他的辦公室簡直是美夢成真。就算他穿上鋼鐵人的服裝，帶我飛翔兜風，我恐怕都不意外。我們閒話家常之後，他切入重點。謝家華直視我，問：「你想不想搬來賭城，當我的員工？」

在飛回奧斯汀的飛機上，我看著窗外賭城大道的燈光沒入遠方，漸漸消逝。黑夜吞沒燈火，只留下飛機引擎持續的嗡嗡聲。

幾小時前，謝家華邀請我去上班，確切地說是提出企劃案。只要我搬到拉斯維加斯，他便創立新公司，邀請我當專業演講人。我得巡迴全美，在大會或企業機構發表勵志演說。

直至今天，我才發現自己有演講才華，所以謝家華要僱用我。

無論這個人要求什麼，我都很想點頭答應，因此我差點立刻同意。然而搬到拉斯維加斯，放棄自己剛創立的公司牽涉到我以外的許多人，所以我要求他給我考慮的時間。

現在坐在飛機上，我不得不問自己：**這是怎麼回事？**不到一個月前，我才遭到金主拒絕，後來請人幫我做奇怪的甜甜圈，因此上了報章雜誌和全美聯播節目，最後更坐在謝家華面前，而且他還勸我為他效力，創建一個全國性的平台。

這是作夢嗎？就像我遭到金主拒絕之前做的夢？果真如此，我不知道自己想繼續沉睡，或是直接醒來。

然而這不是夢，而且我還得拿定主意。我該開個實境節目，親自擔任「被拒絕班長」嗎？我要在電影中飾演悲慘王老五，透過被拒絕計畫找到真愛？要為偶像謝家華效力？還是回到原本的生活，繼續慘澹經營新創公司、在視頻部落格上傳被拒絕影片？

雖然我深愛自己的團隊和我們開發的應用程式，但是不顧嶄新的康莊大道，回去重操舊業，就算稱不上瘋狂，也絕對不算明智。不是所有人都有機會大出風頭，而且我的良機不可多得。如果我想把握這個「快速走紅」帶來的機會，就得考慮哪個新方向長遠來看最有意義，也許必須集各家之大成。

至於謝先生的提議，再度回公司體系擔任員工似乎有違我的初衷。我的人生目標始終不變，就是發揮影響力。出名、走紅向來不是我的主要動機，追逐這種五光十色的事業只會令我渾身不自在。

何況我不覺得自己準備妥當。簡而言之，我有個還算酷的經歷，而且我剛發現自己可以說得很精采。我的被拒絕之旅才剛上路，人們就當我是專家了。這就像我才準備登聖母峰，才剛在山腳紮營，大家就想派直升機接我離開，追捧我是偉大的冒險家，但我還沒探索偉大的山岳呢。

但是反過來看，如果我不立刻抓住機會，人們會等我準備就緒嗎？

我光想就頭痛欲裂。為了分散注意力，我打開筆記型電腦，瀏覽電子郵件。未讀信件有一千多則，自從甜甜圈影片爆紅之後，我的信箱塞滿世界各地寄來的粉絲信件。有些內容非常幽默，寄件者認為我的影片很有趣。但是多數人的心態都相當嚴肅認真，他們透過這些影片鼓舞自己，克服被拒絕恐懼。

例如以下這則麥克的來信：

小女寄給我連結之後，我幾乎是打從一開始便追蹤你的「被拒絕的一百天」計畫。你的經歷帶給我許多歡笑和勇氣，我最想向你道謝的就是我一天比一天勇敢。我從小就不敢接近陌生人，連最簡單的要求都難以啟齒，即使對方的工作就是提供服務，例如櫃檯人員或服務生等。有時我甚至得派孩子去麥當勞櫃檯要番茄醬包，因為我一想到要開口，胃部就一陣糾結……這股新力量來的正是時候。去年五月，醫生判定內人罹患癌症。醫院花了八個月的時間才確定癌症類型，我們也因此搞懂醫療體制的優缺點。無論如何，我們得不斷找人諮商、詢問。每次害怕提出問題，我就想到你，我便有勇氣往前邁進，做我該做的事情。非常感激你展開這段實驗，也感謝你與我們分享，讓我從你身上得到勇氣。

以下這封來自蕾吉娜：

我是在紐約和費城兩地跑的演員，我覺得你這個計畫非常耐人尋味。身為演員，我們比多數人更常被拒絕。每次試鏡都像面試，最大的恐懼不是登記試鏡，或是因為別人比較「優秀」而遭到回絕。這種過程很容易令人感到氣餒，無法釋懷。在日常生活中，光是提出簡單要求都有可能令我冷汗直流。在YouTube上觀賞你的影片時，看到你必須湊近別人，開口請求，我也覺得害怕不安。

就我本身而言，想像比實際結果更恐怖。別人會不會對我大吼大叫？嘲笑我？罵我笨蛋？或是把我趕出去？試鏡時，選角的人會不會打斷我的演出，說我根本不配拿到戲劇碩士的文憑？各種脫序行為輪流在我腦中上演。這種對於被拒絕的恐懼會令人寸步難行，連日子都過不下去……我等不及要看你其他的冒險經歷，而且你從被拒絕過程當中學到許多教訓。更重要的是，你發現人們有多大方，人性又有多美好。我觀賞你的影片就得到許多啟示，也學到要正向思考。祝好運！

如果只是收到幾封也罷，我收到了好幾百則，他們似乎都和我一樣投入這趟被拒絕之旅。看到他們的故事，我更謙卑，能幫助他們克服恐懼，我也備感光榮。同時，我也很驚訝：我的計畫真的能對陌生人的生活有所影響？

媒體追逐我是因為我提供的娛樂價值，「某男一心想被拒絕，卻收到奧運五環甜甜圈」是一時之選的完美題材。然而民眾——像我一樣的市井小民——寄來的電郵則有截然不同的意義。他們不把我的經歷當成八卦新聞，我相當於身陷困境的他們，我的成功也等於他們的勝利。

我向來把自己的被拒絕恐懼當成罕見疾病，就像麥地那龍線蟲[3]，雖然會引發劇痛，患者比例占全球人口卻非常少。我心想自己只是不走運，或是我天生害羞、從小家裡保護過度、或是來自保守文化的外國家庭都是造成恐懼的原因。收到大量電郵和留言之前，我很少想到別人的被拒絕恐懼。聽到越多人說他們可以理解，我越明白這種恐懼不是罕見疾病，而是常見的性格。

根據我的親身經驗，知道這種情緒會令人裹足不前。如今有各方人士告訴我，他們和我一樣，都認為被拒絕很痛苦，彷彿遭到人身攻擊，事後的負面情緒導致他們寧可閉嘴不問，寧可隨波逐流，也不想冒險，以免遭到拒絕。像我一樣，他們大半的人生都搶在別人之前否定自己。所以才有各式各樣放棄志向、錯失工作機會、沒把握真愛——或是有些發明無法問世，或最後由他人創造——的悲傷故事。最可怕的莫過於縈繞心頭的「要是當初」的想法，而且這些念頭往往不是來自別人，因為他們當初根本沒問過任何人，甚至不試試看。

我曾讀過某本深刻的回憶錄《臨終五大遺憾》，作者是澳洲護士布朗妮・威爾。她在安養院訪談幾十名臨終病患，整理出他們最悔恨的幾點。她最常聽到的反應就是：「真希望我有勇氣活出真實的自我，而不是迎合他人的期盼。」

倘若每個人都有這種勇氣呢？如果大家不要因為害怕被拒絕而畫地自限？要是被拒絕沒那麼可恥，無關個人問題，更能公開討論呢？我們不只可以交換意見，還能找出辦法克服恐懼呢？

如果害怕遭到拒絕的人突然無所畏懼，她又能發揮什麼能耐呢？難道在各方面不會表現得更傑出？如果她是藝術家或音樂家，無懼別人的看法，她不就更能深入探索自己的靈魂，創作出反映自我的作品？如果她是推銷員，是不是更能多方嘗試，繼續深耕更多客戶，不會被拒絕幾次就消沉喪志？如

3. Guinea worm，麥地那龍線蟲病通常又被稱為幾內亞線蟲病，這種蟲的傳染途徑是經過水源。

果她為人父母，不就更能依據自己的原則扶養孩子，不是一味順從子女的要求？不會過度擔憂股東反應的公司或非營利組織難道不會更有勇氣，推出造福人類的創新產品和服務？

我從小就想創業，希望自己的發明可以幫助千百萬人。然而正面迎擊自己不足之處時，我卻意外發現多數人都有的煩惱。

專門投資新創公司的育成中心「Y Combinator」創辦人保羅．葛蘭曾說：「想找到點子的方法就是別把這件事情放在心上，而是去找問題，最好是你自己也有的問題。」這段時間，我一心一意想推動的應用程式是根據我靈機一動演變而成。現在我覺得幫助人們克服被拒絕恐懼更有意義，我不確定將來的發展——或是對我個人的未來有何意義——但是接下來的被拒絕的一百天計畫對我而言就是實驗新產品：也就是克服被拒絕恐懼的方法。

拜讀麥克、蕾吉娜等人寄來的電郵，幫助我看清楚突如其來的名聲。飛機在奧斯汀伯格史東國際機場降落時，我匆忙穿過人群，急著回去告訴家人我的決定。踏出飛機，走入隧道時，冷風拂面吹來，那種感覺就像我第一天穿過大片新雪走入大學校園。我因緣際會發現人生最大的機會，未來似乎充滿新奇，彷彿蘊含著無限可能。

CHAPTER —— 4

對抗演化過程

停止開發應用程式，徹底轉換跑道，要做出這個決定並不容易，何況我為了這個計畫放棄大好工作，又如此重視我的團隊。但是當我宣布時，他們竟然都很支持我。他們和我一樣，都很驚訝我的部落格廣受注意，也認為我意外發現了更有意義的努力方向。他們自覺有付出間接貢獻，也引以為傲。我們協議，如果將來要開發被拒絕問題的相關應用程式時，我們再共聚一堂，攜手合作。

現在我有了嶄新的正職工作：專職研究被拒絕。

我立刻發現，如果要代表所有人處理被拒絕的問題，我就該好好研究，盡可能從各方面探索。我想仔細剖析歌利亞這個巨人，就像球隊分析對手——好比觀看球賽錄影帶、研讀球探報告，在正式上場前充分練習。

最初上網蒐集資料幾乎一無所獲——多半只是經典語錄或銷售輔導員、

心靈大師的膚淺打氣講詞。相較於成功、領袖魅力、領導風範、協商，甚至失敗的主題，我簡直找不到解釋被拒絕或被拒絕與日常生活關聯的內容。我只能找到大量建議，而且要點如下：

一、人生在世，難免被拒絕。

二、別往心裡去。

三、堅強一點，展望未來。

當然，如果人人都能照辦，何來問題之有。一般人對於如何被拒絕的看法實在過分簡化，儘管這是普遍的問題，還會導致痛苦不堪的後果，我們看待被拒絕就像看待絕無僅有的例外、或當它只是一時的不便——就像被蟲咬或車子爆胎，而不是可能永久扼殺冒險能力的經驗。被拒絕只是小事，沒必要多加理解。面試、升官不成功？無法做成交易？人們認為你的點子奇蠢無比？深愛的女人拒絕嫁給你？別往心裡去！打起精神，邁步向前走吧！

如果真能這麼輕鬆面對被拒絕，為什麼根據幾十億人次所得到的谷歌關鍵字搜尋結果，被拒絕幾乎是恐懼排行榜的第一名，甚至超過痛苦、孤單和疾病？為什麼迎合他人的期望，無視自己的理想，不追求夢想是人們最大的遺憾？我何必因為叔叔嗤之以鼻，就把網球鞋加輪子的藍圖丟進抽屜深處，最後因為自己只能看到希利斯產品大賣而空嗟嘆？

難道我意志太薄弱？應該不是。我小小年紀就獨自到異鄉求學，不但沒有任何朋友，也不會說英語。我必須克服各式各樣的難關，學習新語言，熟悉新文化。儘管困難重重，我努力排除萬難。如果我意志不堅，我早就回中國了，在美國生活、工作的夢想也會被我束之高閣。

我收到來自世界各地上千封電郵，寄件者都說他們害怕被拒絕，但是內容並不軟弱。嚴重被拒絕的經驗可能會改變人生，例如遭到幾十年的老東家解雇、上司提拔別人，或是配偶一心想離婚，不顧另一半的努力挽留。他們聽到「別往心裡去」，只會覺得憤怒或可笑。為什麼被拒絕令人耿耿於懷？我越想越覺得有三個無解的疑問：我們為什麼不更常聊到被拒絕？被拒絕為什麼這麼痛苦？我們又為何如此懼怕被拒絕？

答案絕對比我的搜尋結果更博大精深。我認為一定有更好的建議和教誨，所以要繼續尋找答案。我從商管、心理學、歷史、社會學、心靈成長和行為經濟學著手，簡直到了走火入魔的地步。經過數週的研究，我的桌上已經堆滿報章雜誌；網上一旦出現關於「被拒絕」的內容，收件匣就會收到谷歌新聞快訊通知；我做了大量筆記，自己彷彿成了被拒絕學教授。

被拒絕VS失敗

也許人們不常討論被拒絕，是因為他們寧可討論更容易釐清的概念，也就是失敗。不知有多少次，我讀起被拒絕的文章，內容最後都是論述失敗。然而兩者不可混為一談。我們可能在創業或職場上摔跤，雖然不幸卻可以理解，也不是無法忍受，因為失敗的原因可能有一籮筐。找出失敗的理由很容易，可能是合理解釋，或純粹只是藉口。創業失敗可以歸咎於點子太新穎、不適合現在的市場或經濟狀況，也可能只是執行不力。

即便真的是你的責任，也有各式各樣的方法將失敗轉化為正面能量。你大可以說「我真的不擅長」，然後立志改善精進，或提醒自己還有許多優點。你可以說「我做錯幾件事情」，畢竟孰能無過？你大可說「我因此獲益良多」，然後就此放下，學到更多經驗，也更睿智。矽谷的創業家甚至把失敗當成榮譽勳章，因為精實新創風潮的基本概念就是靠著從迅速失敗當中學習經驗，繼而開發產品。

其實創業者最愛講述或聆聽失敗的故事——因為那些挫折就是通往最後成功的踏腳石。知名企業鉅子如唐納．川普常吹噓自己也是經過一番寒徹骨，才有今天的地位。我們常看到運動員或球隊在一週或一整季的失敗之後東山再起；失敗幾乎等同成功的先決條件，在某些狀況下甚至更屌，好比得到江湖認可。

相反地，被拒絕一點也不酷。這表示有人拒絕我們，往往是因為他們中意另一人，而且泰半是當面回絕。被拒絕表示得不到別人的信任，無法博得對方的欣賞；我們希望人們認同我們的眼光、想法，結果他們意見相左，還貶低我們的想法。多數人認為這是衝著自己來，彷彿遭到拒絕的不只是我們的請求，連同我們的性格、長相、能力、智商、人格或信仰也一概遭到否定。儘管回絕的一方不希望我們放在心上，卻總是事與願違。被拒絕本來就是拒絕者和被拒絕的人之間的不平等互動，對後者的影響也遠大於前者。

被拒絕時，無法輕易怪罪經濟、市場或他人。不能以健康的心態面對，就只剩兩條危險的歧途可走。如果相信自己活該被拒絕，就會自責，感到羞愧、無能。如果認定被拒絕是不公平或不公道的結果，便會怪罪對方，怒火中燒，一心想尋仇。

柯蓋德大學的社會心理學博士凱文．卡爾史密斯針對明顯的不公正對待做過實驗，而且只有部分參與者有機會報復。之後卡爾史密斯再調查參與者的心情，有機會報仇的人都把握機會，最後這組人的心情卻更糟。耐人尋味的是沒有機會的那組深信，只要有機會反擊加害者，一定會更痛快。

換句話說，人們被拒絕之後，自然而然想報復，以為證實對方錯了就能心情大好。結果卻不然，有機會復仇的人事後甚至更懊惱，這還是在安全的實驗環境之下探討人性。現實生活中則充斥著校園開槍和潑硫酸毀容的悲劇，原因就是報復被拒絕。

被拒絕所導致的痛苦

幾年前的秋天，我和妻子崔西到義大利度假。我們計劃這趟旅行已經好幾年，這是我們夢寐以求的假期。結果才度假兩天，我們就碰上旅客最怕的夢魘。

首先，路人亂報方向，我們前往羅馬競技場迷路，也因此錯過公車，只好放棄精心策劃的鄉間一日遊。沒多久，扒手偷走我們的相機，所有度假照片不翼而飛。那種心情彷彿義大利先前開過全國大會，想出各種怪招，只為了毀掉我們的假期。

晚上步行回飯店，我們又累又沮喪。崔西突然抱著肚子皺眉，她有胃痛的毛病，這時站在義大利街頭，胃部刺痛難擋。我們沒帶藥，只好趕快去買，但是我們不知道要去哪兒買，也不懂義大利語。

當時是晚上八點五十分，羅馬多數店鋪都是九點打烊。我們匆忙走到附近的雜誌攤，幸好小販還沒下班。我們想問附近哪裡有便利商店、超市或藥局。

崔西走到報攤窗口，「哈囉，請問哪裡有……」

窗內的女子衝著我們說「沒有」，崔西甚至連話都還沒說完。然後她就起身拉下玻璃窗，轉頭開始整理皮包。就因為不想理我們，她提早十分鐘打烊。

我氣死了，這個女人怎麼可以欺負崔西？她看不出我太太很痛苦，我們需要協助嗎？就因為我們是不會講義大利語的遊客？難道當地有不能問話的習俗？還是我們得消費才能和她交談？

整天下來的挫折就在這時達到沸點。

「嘿！」我對關上的窗戶揮拳大叫，努力克制自己別暴捶窗戶。當時我只想教訓這個女人不能沒禮貌、不尊重別人，沒想到自己也沒把這兩點放在心上。崔西突然拖著我的手臂離開，我轉身才看到她臉上有兩行清淚。

崔西很少哭，所以我知道她的胃一定很痛。我的忿怒立刻轉換為擔心，離商店打烊時間只剩八分鐘，已經沒時間咒罵雜誌攤的女人要有人性，只能趕快離開。幸好附近有超商，我們也找到崔西需要的藥。

後來崔西說她落淚不是因為胃痛，而是因為那名女子的反應。對方莫名其妙忽視、拒絕她之後，她覺得憤慨又受傷。我聽到之後反而覺得如釋重負，幸好當時我沒搞清楚緣由，否則我可能做出事後會令自己懊惱的舉動。

接下來的假期開心多了，我們碰到許多友善的人，在浪漫的佛羅倫斯和威尼斯散步，享用義大利美食。然而我們發現自己比平常更少與陌生人交談，也沒再問過路。

那名女子與我們素昧平生，日後也不可能再相遇，這麼一個陌生人的無禮拒絕竟然對我們有莫大影響？雜誌攤女子並未對崔西施行肢體暴力，但是被拒絕的痛苦卻遠超過她的劇烈胃痛，原來這件事情的背後還關係到生物學。

人類的身體感受到痛楚時，大腦會釋放止痛作用的類鴉片（opioid），幫助我們緩解痛感。最近密西根醫學院的研究人員懷疑，互動遭到排斥之後，腦子是否也會分泌這種類鴉片，因此進行實驗。

他們請參與實驗的人看其他人的照片和捏造的檔案，再列出他們想約會的對象。研究人員用掃描器監控參與者的腦活動，觀察他們得知對方對自己沒興趣之後的反應。這些經歷社交排斥者的腦子立刻開始分泌類鴉片，彷彿身體遭到暴力相待。有一點更妙，參與者事先就知道個人檔案和「拒絕」都是假造的，腦子竟然照樣分泌類鴉片。

所以「別往心裡去」這句話根本不是用來安慰被拒絕的人。俗話說遭到拒絕活像「挨了一巴掌」，根本名符其實，而不只是比喻。難怪當晚在義大利，區區一個陌生人就讓崔西和我感到受創。至少對我們的腦子而言，她的舉動相當於從書報攤窗口拿磚頭砸我們。

被拒絕的恐懼

如果被拒絕的痛苦會引起大腦的化學反應，也難怪我們打從心裡害怕遭到拒絕。首先，這種不安的情緒令人不敢開口提問，好不容易鼓起勇氣提出要求便渾身冒汗。一旦想起這種可怕的經驗，人們就會下定決心再也不要走到這步田地。

既然被拒絕的痛苦等於實質的痛楚，至少大腦是如此理解，被拒絕在恐懼排行榜上當然名列前茅。畢竟誰不怕突然挨一記耳光？其實人類有許多恐懼——包括被拒絕的恐懼——都有演化根源。

我拜讀許多關於被拒絕的恐懼和痛苦的研究報告，最有意思的幾篇直指恐懼往往有實用——更別說能保命——的基礎。許多報告指出，為了避開下意識覺得有害的物體或經驗，我們的反應會比平常更敏捷。換句話說，一看到致命毒蛇，你的衝刺時間遠快過你看到……松鼠。

科學家推論，哺乳動物對這些有害事物演化出恐懼本能和警覺心，才能迅速閃避。所以要活下去就要懂得害怕，至少適用於人類還住在大草原的時期。如果不怕蛇，可能會有更多人被咬死；如果不怕封閉空間，更多人會陳屍在排水管或狹小空間裡。

被拒絕帶來的恐懼也一樣。人類還在狩獵柱牙象、住在山洞的遠古時期，要生存就得團結合作。無論有什麼原因，只要遭到同伴的排擠、放逐，我們就只能單獨面對獅子、野狼。在那種狀況下，遭到社會排斥可能等同死亡。難怪即便到了今天，我們的ＤＮＡ裡還留有這種本能，有時被拒絕更是令人覺得生不如死。

發現這點之後，我對自己的被拒絕恐懼感到舒坦多了，原來是想活下去的本能作祟啊！但是奧斯汀市區沒有柱牙象，我不會因為被拒絕就在荒郊野外落單，也不會因此就要和野獸單打獨鬥。也許害怕被拒絕成功挽救老祖宗不受排擠，但是現代人已經不需要這種本能，與其說這種恐懼心情是保命措施，不如說是包袱。若把被拒絕恐懼比喻成某種器官，可能不是心臟，而是盲腸。而且比普通的盲腸炎更有害，因為害怕被拒絕而不嘗試新事物可沒辦法靠開刀解決。

就我而言，我害怕碰釘子，結果十多年都不敢輕舉妄動，想都不敢想創業。我不禁納悶這種恐懼對其他千百萬人的影響，所有人列出的悔恨清單可能又長又教人心碎。因為害怕不見容於團體，人類究竟錯過了多少新奇、有趣，甚至可能改變世界的點子？

被拒絕的一百天：代表空服員在飛機上廣播

有人靜觀世事，問為何……我幻想開啟先例，問何不。

——羅柏・甘迺迪

進行被拒絕的一百天計劃時，這句話成為我的口頭禪。我用這句話鼓勵自己，不要動不動就想逃避難關。我隨時都自問「有何不可？」，發現我的點子多半沒有不能做的合理原因——至少沒理由不試試看。有一天我請餐廳員工為我唱生日快樂歌，雖然那天根本不是我的生日，但是他們照辦了！有一次我去某個人道協會，問我能不能借隻小狗，並且保證盡力陪狗狗玩個開心，他們拒絕了。某次我問救世軍的搖鈴人可否讓我代勞，他不但答應了，我們還共度一段歡樂時光。

我有個「有何不可」的點子最特別。當時我在奧斯汀機場，從停車場奔去趕飛機時靈機一動。空服員在起飛前會廣播安全注意事項，我多半都在放空、趁最後幾分鐘發簡訊，或是喬個最舒服的姿勢。如果我請求代為廣播呢？那天搭的西南航空公司不但是我最愛的一家，也以特異作風和注重客服聞名。如果他們同意，乘客一定會更有興趣，況且問問有什麼損失？

但是我依舊有點緊張。等待上機時，我鼓起勇氣，深呼吸，然後走向某位空服員，他的名字是傑夫。

「請問我可以幫你們廣播安全注意事項嗎？」我還提到自己是常客。我的要求竟然沒嚇到傑夫，但是他向我解釋，法律規定所有乘客在聽安全廣播時必須扣上安全帶坐好。既然我是乘客，就無法離開座位去廣播。

傑夫接下來的回覆令我大感意外。

「但是你如果有靈感，可以幫我們歡迎乘客登機，」他說。

他的提議頗令我驚訝，我愣了一下。「沒問題，我來說歡迎辭，好極了。」

傑夫的點子比我原先的打算更棒，因為我可以自由發揮，不必讀稿或背稿。但是另一個問題來了。我必須在一百三十個乘客面前即興演說，這時我的雙手開始冒汗，原本得意洋洋，現在則是驚恐不安。

傑夫說明安全帶用法、緊急出口和盥洗室位置之後，示意我到前方。我起身拖著沉重的步伐走過去，緩緩地經過一排又一排的座位，這段路程似乎遙遙無盡。我費盡心思，就是想摒除聽到噓聲或遭人訕笑的念頭，但是這些想法還是不斷逼進。我走到最前端時已經快崩潰，心臟怦怦跳，胃裡一陣翻攪，雙膝發軟。

傑夫遞給我麥克風，請我暢所欲言，似乎百分之百相信不會出狀況。我不如他有信心，那時心裡的恐懼彷彿根深蒂固。我幾乎可以聽到DNA悄悄地說，站住！你太離譜了。沒有人想聽你說話，你這是自取其辱，別人會給你軟釘子碰！有人會以為你是恐怖份子，所以你會被撲倒！危險！我依舊接過麥克風，按了開關，開始說話。

「大家好，歡迎登機！」我裝出最得體的空服員腔調。大部分人都在看手機、雜誌，或是和朋友閒聊。沒有人注意我。

「我不是工作人員。」所有人立刻抬頭，幾百隻眼睛盯著我看。緊張的心情就快升級到恐慌模式。

「我只是這家航空公司的忠實顧客，」我繼續說，加快速度，努力別讓聲音發抖。「我和各位一樣都是乘客，只是想說他們總是這麼準時、友善，令人激賞！如果你也有同感，請為西南航空公司拍拍手！」

不可思議，人人都遵照我的指示開始鼓掌。我走回座位，有位空服員指著我說，「老兄，送你一杯免費飲料！」有位乘客脫口說，「哇……真勇敢！」

你真是大錯特錯，我坐回位子，打顫又冒冷汗。我相信，一萬年前拿著樹枝和獅子單打獨鬥更困難，但是那一刻的感覺卻同樣可怕。

有時我會想放棄「被拒絕的一百天」的計畫，搭西南航空那次就是其中之一。空服員拒絕是意料中事，沒想到對方竟然答應，因此衍生的可能性更恐怖，一百三十個乘客可能會同時給我好看。儘管我拚了老命撐過難關，卻覺得自己被逼到懸崖邊。

讀到恐懼被拒絕的生物學起源之前，我自以為是對抗想像中的怪物。如今我知道敵人是演化，是腦中的化學分泌物和我自己的ＤＮＡ。這不只是心理對決，也是生理戰爭！

了解這一點不禁令我納悶：我是真想打這場仗嗎？這是不是注定失敗

的戰役？也許人們所謂的「無知就是福」就是這個意思。

就在我擔心自己沒本事對付被拒絕恐懼時，回首先前的實驗卻又讓我信心大增。不是每次被拒絕計畫都害我冒冷汗或心生恐懼，放鬆心情，發揮幽默感尤其有幫助。請求店員讓我漢堡續盤的那次，我就是笑呵呵地離開。雜貨店店員拒絕帶我參觀倉庫，我沒跑開，反而和對方開起玩笑。我沒捧著胸口逃之夭夭，或許我面對被拒絕時，不知不覺得到另一個收穫。幽默感會不會是沖淡被拒絕恐懼的有效方法？為了實驗這個理論，我又安排了另一個被拒絕計畫，而且光想就覺得爆笑。

被拒絕的一百天：到連鎖寵物店 PetSmart 剪頭髮

有一天開車經過 PetSmart，我想起該送狗狗金寶去剪毛了。（黃金獵犬彷彿隨時都需要剪毛；雖然可愛，卻拚命掉毛。）開進停車場時，我心生一計。如果請寵物美容師幫我剪頭髮呢？我光想到都會大笑，當然更適合納入我的被拒絕計畫。

我走向寵物美容區域，四個美容師都忙著幫狗狗洗澡、修毛。有個人放下手邊工作，到櫃檯招呼我。我們輕鬆聊了幾句，我問她剪毛價格。

「哪一種狗呢？」她問。

「如果剪我的頭髮要多少錢？」我回答。

她頓了一下，搖頭說，「我們不剪頭髮。」然後捧腹大笑。

「不能當我是德國牧羊犬嗎？」我問。接著又想起自己的亞裔血統和長相，「其實我不是德國人，不能當我是西藏獒犬或鬆獅犬嗎？」

四個美容師都吃吃笑。

「我會守規矩。妳們可以叫我坐好，我會照辦，也不會亂吠，」我連珠炮地說下去。

「你絕對是最乖巧的顧客，」美容師也開起玩笑，而且笑得更不可自抑。

我在徹底被拒絕前使出最後一招：「修指甲呢？」美容師幾乎快笑倒在地。

我心滿意足地離開 PetSmart，一點兒也不在意被打回票。其實我心情還蠻好的，因為我自認逗得美容師很開心。

為什麼我不痛苦也不害怕？為什麼沒啟動求生本能的機制？腦子怎麼沒分泌類鴉片呢？為何這次毫無反應？

我覺得自己可能有重大發現，便進一步深入研究。原來大笑有止痛的效果，這可不是開玩笑。

有許多非科學性值的證據指出，幽默有助於減輕痛苦和壓力——即便在政客身上也一樣，這些人鮮少以詼諧見長。雷根在英國國會演講遭到砲轟，他戲謔地回答，「這裡是有回音嗎？」後來他遇刺送入手術房前，也對醫師開玩笑說：「希望你們都是共和黨。」另外一個政黨也不遑多讓，某位記者曾尖銳地質問甘迺迪，他對共和黨全國委員會直指他是窩囊廢的決議有何看法。他回答：「我猜應該是一致通過吧。」甘地曾說：「要不是有幽默感，我大概早就自殺了。」

科學家甚至證明幽默感——尤其是開懷大笑——可以止痛。二〇一一年，牛津大學的前衛心理學家羅賓．鄧巴進行實驗，請參加者體驗不同程度的痛楚，可能是在手臂上戴上冰冷的紅酒冰套，或是靠牆深蹲，彷彿坐在空氣椅子上，大腿和小腿還得呈直角。為了判斷個人的忍痛度，鄧巴測量參加者可以忍受的時間。

接著再讓參加者承受同樣的痛苦，只是這次可以同時收看預錄節目，從搞笑卡通「辛普森家庭」、「南方四賤客」，一般的寵物訓練、高球節目，到可以引起好心情的紀錄片「地球脈動」。他發現參加者的忍痛度只有在收看喜劇時才會大幅增加——如果開懷大笑，幅度更大；一般知識性節目則沒有效果。換句話說，大笑可以減低痛苦和壓力。

鄧巴深信，大笑的力量甚至有演化根源。《紐約時報》記者詹姆斯．高曼寫道，「鄧巴博士認為，大笑是受到演化青睞的優勢，因為笑聲有凝聚人類之效，就如同跳舞、歌唱等。」大笑、熱舞和歌唱都會產生腦內啡——這是另一種類鴉片，不但可以止痛，還能令人心情愉悅。大笑就像大腦幫我們注射了雙重分量的天然止痛劑。

難怪我笑著離開的被拒絕計畫都不會令我痛苦難堪，本來應該感受到的恐懼和害怕都被腦內啡沖淡，因為我進行計畫時也不忘娛樂自己。就PetSmart那次經驗而言，被拒絕之後，我的心情反而更好。

為了尋找合適的石頭打倒巨人，我似乎意外挖到寶。大笑不僅對我有好處，也成為我對抗被拒絕痛苦、保持冷靜、隨機應變的最佳策略——而且還是有演化、生理根據的武器。

當然，幽默也有極限。搞笑裝傻不適用於日常生活的每種狀況，我知道自己無法靠幽默感撐過每次的被拒絕計畫，尤其是牽涉的範圍更廣，結果的影響更大時。況且，腦內啡只能處理被拒絕的結果——也就是痛苦，無法處理恐懼和預計被拒絕的恐慌，而這些情緒正是害怕被拒絕的最大威力。但是我也因此有了另一個疑問：如果某件事情傷不了我，我有什麼好害怕？原來對抗被拒絕的過程中，這個問題最關鍵。

在《綠野仙蹤》電影中，桃樂絲、稻草人、鐵皮人和獅子千辛萬苦要去翡翠城。他們想見「法力無邊又善良」的魔法師歐茲，希望他幫忙實現大家的夢想，分別是平安回家、得到腦袋、心和勇氣。去見魔法師前得穿過狹長的走廊，他們努力忍下想逃跑的衝動，最後終於到了房間，看到魔法師原來是可怕的綠色禿頭怪物，王座周圍佈滿火燄、煙霧和蒸汽。歐茲的聲調恐怖又兇狠，要求他們先完成任務，因為巫師咄咄逼人又暴躁，嚇壞了他們，獅子甚至昏過去。

他們完成交派的任務之後回到翡翠城，魔法師依舊令人心驚膽跳，此時桃樂絲的小狗托托不小心撞倒角落的巨大屏風，魔法師才露出真面目。他只是長相平凡的白髮老人，利用機器製造聲光效果，創造恐怖的影像嚇唬求見的人。

事實上，這個人沒有任何可怕之處——名聲遠播靠的是謠言、秘技和他製造的假象，每個人的反應堆砌出魔法師無所不能的事實。

我主動碰軟釘子和研究被拒絕的過程就像桃樂絲前往翡翠城之行。在西南航空班機上，我徹底體驗可能當眾受辱的恐慌。我就像在宮裡會見可怕又危險的魔法師。但只要發揮幽默感，我就像探頭看到魔法師的真面目，其實人畜無傷，甚至很風趣，我開始用全新的角度對待被拒絕。

仔細回想，多數被拒絕經驗就像歐茲國的魔法師。當我們要求加薪、邀約情人、請人投資，或是爭取夢寐以求的讚賞時，也許害怕被拒絕、遭到拒絕。我們覺得不要說得又響又兇，也許還伴隨著火燄、煙霧，還覺得自己會受傷。其實根本沒那麼糟糕，就算我們不能如願以償，也沒有任何損失，鮮少有生命危險。

就我個人而言，體悟到這點之前，我從沒想過探頭看看被拒絕——我自己的歐茲國魔法師——的真面目。

現在我得自問：我這輩子對抗至今的怪物究竟是什麼？被拒絕究竟是什麼？

CHAPTER —— 5

重新思考被拒絕

當初展開被拒絕之旅，我拚命想殺死這個巨人歌利亞。才著手幾週，我就覺得自己有進步，被拒絕地得心應手，每次都越來越輕鬆。我曾經到烤肉餐廳，請他們幫我烤我自備的豬肉。也曾和陌生人下戰帖，比賽誰可以瞪對方比較久。這兩次開口，我都遊刃有餘。

我漸漸發現自己越來越想深究、了解被拒絕的真面目，才能把學到的寶貴經驗運用在日後其他事情上。因此我開始增加被拒絕計畫的「可怕程度」，也就是更貼近真實生活會碰到的事情，看看自己能學到什麼，某次被拒絕計畫也達成使命。

被拒絕的一百天：找到只做一天的工作

人們透過部落格便能找到我，我每天都會收到幾十封的電郵。當時是二

○一三年年初，經濟尚未回溫，幾乎每個工作都有許多人搶著應徵。自然有許多人在信中表達他們找工作的挫折感，或是對被拒絕的恐懼。我決定進行找工作的被拒絕計畫，看看我能不能找出更容易順利就業的方法。我已經多年沒找過工作，希望親自體驗被拒絕，才能幫助別人克服難關。

我沒上網丟履歷等面試通知，決定直接帶著履歷，隨便選棟辦公大樓找一天的零工。這個要求不太尋常，畢竟誰會找只有為期一天的工作？但是我對後續發展的好奇心遠大過緊張感。

只要不怕被拒絕，又覺得沒有任何損失，你就會遇上不可思議的事情。

頭兩站都遭到面色嚴肅的辦公室經理打槍，其中一人甚至教訓我不該冒失地闖去，必須遵照標準應徵流程。我並未因此灰心喪志，又找了另一棟辦公大樓，心想這次再不成功就打道回府。

這位辦公室經理笑容可掬，任何人，包括求職者，都會對她感到安心。她名叫珍妮佛．凱利爾，聽過我的請求之後，她並沒有請我離開，還問我為何要找工作。我向她解釋自己開業當老闆，多年沒有應徵經驗，但是我想看看直闖公司能不能找到工作。接著我拚命說服她，無論她指派什麼工作，不管是網路行銷——我在財星五百大企業的專長——或是勞力工作，我都能勝任。最後，我請她僱用我當一天的個人助理。她考慮一會兒之後暫時答應，如果上司也沒有異議，她便能正式聘請我。

幾天後，珍妮佛來電。她同意我去當一天的辦公室經理助理，公司名稱是 BigCommerce，這家奧斯汀科技公司專門幫小公司架構網站。我的職責就是去幫忙珍妮佛，工作內容包括招待訪客、處理公司和員工的行政事務和訂午餐。

幾天後，我到公司報到，整天早上都在幫珍妮佛處理公事。下午公司會議，我又進行另一個被拒絕計畫，懇請高層主管把我的照片上傳到網站。不可思議，一天後，我的照片就出現了。

被拒絕攸關人性

不靠人力仲介，沒上網填寫應徵表格，沒接受面試安排也沒遞上推薦人資料，我便找到工作。而且我只試了三次。沒錯，我不是要求 BigCommerce 長期投資我，而且應徵薪水優渥、福利良好的專職工作，比打一天的免費零工困難多了。但是我學到如何和素昧平生的潛在雇主打交道。

我沒那麼天真，不會以為這次的成功全歸功於我的策略、不屈不撓，或自以為擁有三寸不爛之舌；其他因素就算不具備決定性的影響力，也占有同樣比重。這個因素就是 BigCommerce 的辦公室經理珍妮佛，雖然其他人拒絕我，她卻點頭。後來認識珍妮佛，我才知道她的個性就是這麼友善、幽默，而且極富冒險精神。我訪談之後才發現她答應的原因，原來口才便給又有精采履歷的男子要找為期一天的工作挑起了她的好奇心。但是我們深聊之後，我才體認到原因不僅止於此。

珍妮佛在麻州長大，業務員父親教她多詢問別人的真正目的，不要一口回絕對方的請求；來自南方的母親則傳授好客的價值觀。因為高中時期內向害羞，父親送她上了一年的模特兒學校。她在那裡學到，微笑和正面態度對外觀的影響力與先天的容貌同等重要。上了大學之後，她在餐廳半工半讀。當服務生時就學會，拒絕顧客請求之前一定要先努力尋找解決之道。

這些經驗和背景造就了珍妮佛。當我敲她辦公室的門，要求當一日員工時，以上因素都左右了她的決定。

珍妮佛肯定是例外，不是一般人，我第三次就遇到她，而不是第十次或第十五次，也是我走運。如果我沒碰上珍妮佛，這次被拒絕計畫就此結束。我不會找到一天的零工，不會有機會和網友分享經驗談。反之，我也許更好運，第一次嘗試就碰到珍妮佛。既然有人同意，我便不必再試，因而得到錯誤結論，以為多數辦公室經理都歡迎陌生人直接上門找工作。我很感激老天給我機會體驗兩種可能性，我才有不同的觀點。

透過這次實驗，我發現非常重要的一點：人們對同樣的要求可能有非常不同的反應，與我本人完全無關。同一個我對三間公司三個辦公室經理提出同一個要求：「我能在貴公司上班一天嗎？」三個回答反映他們自己的態度、好奇心和風險容忍度，而且三人大相逕庭。

許多人——包括進行被拒絕實驗之前的我自己——被拒絕幾次便會失去自信；每次提出要求，都覺得「天地」正在評斷他們的功過是非。但是透過珍妮佛，我發現根本不可能有這種事情。「天地」是由各式各樣的人所構成，這些人往往有著極端不同的個性、動機和背景。他們對某個要求所做出的反應是透露他們自身的訊息，反而和要求本身的關聯較小。

我漸漸明白，被拒絕是人類之間的互動，每個決定至少牽涉到兩方。一旦我們忘記這一點——把掌握同意權的人當成沒有臉孔的機器——每次被拒絕都像遭控訴，反之則像獲得批准，其實不然。

被拒絕只是個人意見

這次找工作的經驗為我帶來翻天覆地的劇變。此後，被拒絕對我而言不是「事實真相」，而是個人意見，只是其他人考慮過我的要求之後所提供的意見。影響因素可能是他們的心情、需求、當下的狀況、他們所知的範圍、經驗、教育、文化或從小到大的成長背景。無論是什麼原因，在我進入他們的生命之前，上述力量比我的表現、個性或我的要求本身更重要。

人們常說「大家都有發表意見的自由」。其實每個人都有意見——有時甚至強烈到迫不及待要說出來。我們有各式各樣的意見，從政治到他人，從菜色偏好到音樂品味等，不一而足。如果我接納每個意見，並且據此判斷某件事的價值，我不僅無法拿定主意，可能也會精神錯亂。

自古至今，有許多推動文明進步的點子起初都遭到強烈抨擊，甚至遭到社會大眾的恐怖抵制。蘇格拉底、伽利略、聖女貞德、甘地、曼德拉、金恩博士推動的運動都包括在內。就連耶穌當初創建基督教，也遭到同胞的迫害。

再者，人們的意見會隨著時間、宗教而改變，個人無法掌控的社會、政治、環境因素也扮演了重要角色。人們容易受社會壓力影響，這些壓力可能鼓勵（或要求）他們做出某種行為。

耶魯大學的社會心理學家史丹利・米爾格蘭姆設計了最著名，也最惡名昭彰的「米爾格蘭姆電擊實驗」，說明人們有多容易受到權威人物的擺佈。實驗中有個演員會穿上實驗室的白袍，要求參與者對隔壁房間另一名演員施予電擊，而那名演員也假扮成研究參與者。參與者並不知道電擊機器只是道具，也不知道整場實驗只是作戲，便會遵從指示，施以電擊，最後往往會調到危及生命的超強電流。這個實驗的意義深遠，因為這正證明人們為了服從權威，可能會點頭聽命。

外在因素對人們分析局勢有莫大的影響，但是這些影響可能會隨時間改變。別人對我的或是對我提出的要求的看法，可能受到某些與我毫無關聯的因素影響。如果人們的意見和行為會因為這麼多不同因素而有劇烈變化，我又何必把被拒絕這件事放在心上？明白這個簡單又深奧的道理，可以幫助我摒除被拒絕所帶來的情緒，也能以全新角度看待別人的決定。

我決定利用「被拒絕的一百天」的計畫測試有沒有哪個計畫是遭到眾人一致贊成，或同聲譴責的。我想設計某個被拒絕計畫，提供我自己絕對不會接受的東西給大家，而且我也確信沒有人肯收下。但會不會有人意見相左，以致於可以接受我的點子呢？

要想出合適的點子沒那麼容易，因此我聯絡向來以設計古怪社會實驗聞名的丹．艾瑞里，他是杜克大學的行為經濟學教授。他的暢銷書《誰說人是理性的！》、《不理性的力量》裡有各式各樣的類似實驗。我攻讀碩士時期修過丹的課，覺得他是我碰過最幽默、最富哲思的人。行為經濟學研究心理、社會、情緒如何影響人們的決策。如果要進行與人類行為相關的社會實驗，我一定會立刻聯絡丹，向他請益。

因此我打給他，說明我正在進行的瘋狂被拒絕實驗，請教他能不能幫忙擬定沒有人會接受的被拒絕計畫。

丹不只欣賞我做的事情，也迅速提出五花八門的怪點子：我覺得其中一個妙不可言，決定放手試試看。

被拒絕的一百天：送蘋果給陌生人

從《創世紀》到白雪公主的童話故事，從萬聖節的蘋果裡有剃刀的都會傳奇，到每家母親的明智建議，都說不該收下陌生人送的蘋果。

我到店裡買了蘋果，站在停車場發送，還把那篇部落格影片命名為「壞皇后和六個白雪公主」。我就是送蘋果的壞心後母，絕對不會有「白雪公主」咬一口蘋果，對不對？

為了驗證，我走向附近超市的停車場，站在出口附近的人行道上，開始向路人發送蘋果。想當然爾，多數人馬上拒絕我。有位女士甚至和我聊到她為何這麼懼怕這種提議，還說到食物安全和情感因素。她提到某次上館子，食物遭人動手腳的經過，彷彿還難以走出創傷。

然而有位衣著體面的女子令我難以置信，我遞蘋果給她，她說：「好啊，謝謝！」她接過蘋果離開，完全不當一回事。走了幾步之後，她就開始吃。彷彿是自己吃了毒蘋果，我幾乎癱倒在地。怎麼會有人想都沒想過就吃陌生人送的食物？

我很後悔沒追上去問她為何肯收，總之我知道她的決定是根據她對我的判斷。她打量過拿著一袋蘋果的陌生人，也想過他的瘋狂提議，最後認定收下蘋果不會有問題。也許還有我所不知的原因導致她更不排斥——也許她少吃一頓飯，或是最近正打算多吃水果，也可能認為我看起來很友善，不可能惡搞食物。

如果不是每個人都會拒收陌生人贈送的未包裝食物，世上還有什麼點子一定會遭到拒絕嗎？如果沒有，那麼你被拒絕的唯一理由就是尚未碰到肯答應的人。

被拒絕不是無休無止

我最愛的一句電影對白來自《華爾街》的續集《華爾街：金錢萬歲》，年輕的男主角雅各．摩爾在片中質問反派角色布瑞頓．詹姆斯的企業倫理和他對錢貪得無饜的欲望：

雅各：「你的價碼是多少？」

布瑞登：「什麼？」

雅各：「你賺多少才肯退休，從此過著幸福快樂的生活。每個人都有個價碼，而且數字都很明確，你要多少？」

面露冷血笑容的布瑞登回答：「永遠不夠。」

透過被拒絕實驗，我很快就發現，只要問夠多人，我就能得到肯定的答覆。當然不是每次實驗都能得到同意，古怪的內容尤其不容易。意外的是，只要不屈不撓都會有收穫——例如送蘋果和找一天的零工。我不禁納悶：被拒絕是不是也有「次數限制」？某件事情只要問得夠多人，最後一定可以找到願意的人？

說到不屈不撓，創意領域的人就常常被拒絕。有位小說作家伊潔寄電郵給我，挑戰我敢不敢進行某個實驗：

「我是作家，希望有機會和你共同拍攝下一段被拒絕影片，」她寫道。「我每天都見到作家碰軟釘子，我們大部分人都經常被拒絕，常常遭到那些令人望而生畏的大出版社退稿。如果直接走進出版社，把草稿交給那些人，問他們：『能不能出版這本？』應該可以傳遞正面訊息，也許還會在為數龐大的藝文圈中瘋傳。」

雖然後來沒進行這個實驗，卻因為伊潔思考起作家的一生。那些知名文豪終於出版處女作之前，不知道吃過多少次閉門羹。

我決定實際調查，數字倒是頗驚人：

威廉．高丁的《蒼蠅王》：二十次

安妮．法蘭克的《安妮日記》：十五次

史蒂芬．金的《魔女嘉莉》：三十次

羅伯特．波西格《禪與摩托車維修的藝術》：一百二十一次（金氏世界紀錄）

詹姆斯．喬伊斯的《都柏林人》：二十二次

凱瑟琳．史托基特《姊妹》：六十次

J.K.羅琳《哈利波特：神秘的魔法石》：十二次

J.K.羅琳用筆名羅勃．蓋布勒斯出版的《杜鵑的呼喚》：至少一次，據稱其實更多次除了被拒絕次數之外，出版社退稿給作家的評語更是嚴苛：

我覺得書中的女孩的看法或心情並不特別，除了『好奇』之外，對讀者沒有任何吸引力。

——評《安妮日記》

這個乏味的爛故事荒謬又無趣。

——評《蒼蠅王》

我們對敘述恐怖烏托邦的科幻故事沒興趣，這種書賣不出去。

——評《魔女嘉莉》

對小朋友而言，這本書太長了。

——評《哈利波特：神秘的魔法石》

J.K.羅琳被拒絕的經驗更引人入勝。一九九五年，她投稿到十二家英國出版社，遭到每一家回絕。但是布魯姆斯伯里出版社的主管將草稿交給她的孫女，小女孩看得愛不釋手，這家出版社才在一年後同意出版。如果那個小女孩不喜歡這個故事，哈利波特就會進入碎紙機，也不會迎戰那位大名鼎鼎的死對頭了。

十餘年過去，《哈利波特》系列的銷售量已經超過一億本，名列史上暢銷書前十名排行榜。J．K．羅琳用筆名羅勃．蓋布勒斯寄出新作《杜鵑的呼喚》草稿，因為她希望新書是因為內容而非她的盛名才博得青睞。拒絕這本書（後來也大賣）的編輯說它「平鋪直述……並不出色」。

如今這些拒絕都成為笑話和激勵人心的小故事，因為上述作品和作家後來都紅透半邊天。但是作家每次被拒絕可能都感到沮喪，甚至一蹶不振。難以想像有多少曠世鉅作始終不見天日，就是因為創作者多次遭到退稿，聽了太多負面評論，以致於放棄嘗試。

這些作家——不少人被譽為當代文豪——都得面對一次又一次的被拒絕，最後才能找到慧眼識英雄的出版社。要在某一行出人頭地，似乎不只需要精湛的技藝，還要有能力承受被拒絕的打擊，更要對自己和自己的作品有堅定的信心。

無論作品多優秀、多拙劣，世上沒有任何方法確定可以得到每個人的認可，或是遭到所有人駁斥。如果光追求認同，只要問過夠多人就行了。到頭來，總有人會同意。

當然，並非所有人的接受度都一樣。不是每本書都能發展成J.K.羅琳般的暢銷書；畢竟還是分好壞、高下。想到有那麼多作家相信自己的作品，即使不斷遭逢退稿的痛苦，依舊努力不懈尋找出版商，我才明白信心有多重要。被拒絕攸關人性，只是個人意見，而且不會無休無止。如果我把別人的意見當成評斷好壞的主要標準——以往對被拒絕耿耿於懷的我就是懷抱這種想法——人生就很悲慘。我會以他人一時的念頭和評斷，當成自我價值、人生方向的基礎。

多年來，被拒絕這件事就像巨人歌利亞一樣可怕。十多年來，巨人阻止我追求夢想，有時阻止我交友，甚至阻止我對別人說「嗨」，只因為我害怕被拒絕，害怕別人的批評。如今我研究這個巨人，看待他的眼光也截然不同，我似乎有辦法讓他走投無路。而被拒絕少了痛苦和恐懼的煙霧，似乎也不是我想像中的歌利亞，反而比較像歐茲國的魔法師。只要我別給被拒絕嚇死，它不一定非得與我為敵。

經驗傳承

一、被拒絕攸關人性：被拒絕是牽涉到兩方的互動，與回絕的人的關係往往大於碰釘子的人，不該被當成天地間的真相，也不是判斷好壞的唯一方法。

二、被拒絕只是個人意見：被拒絕是拒絕者的個人意見，受到歷史背景、文化差異、心理因素的影響。凡事都有人拒絕，有人接受。

三、被拒絕不是無休無止：被拒絕有其次數，只要捱過夠多次，「不行」總會變成「好」。

CHAPTER —— 6

接受否定

被拒絕的一百天計畫進行到中途，我對被拒絕的恐懼已經轉化為好奇心。這種轉變更加深了我的實驗精神，我想從各個角度檢視被拒絕，而且第一件事就是聽到拒絕之後的可能發展。

以前，我總以為減少被拒絕痛苦的方法就是快速走出陰霾，就像迅速撕掉ＯＫ繃，因為慢慢撕反而更折磨。有時，我聽到「不行」就會立刻逃走——完全不誇張——想盡快結束對話。

現在，我不想逃離現場，我想知道留下來會有什麼發展。當時我沒想到，只是不走開，竟然可以滿載而歸。

道別之前先問原因

【被拒絕的一百天：在別人家院子種花】

我在美式足球迷史卡特後院踢球的影片上傳之後，粉絲開始請我多敲別人的家門，而且理由五花八門，從借砂糖到要求去陌生人家住一晚等不一而足。在這些充滿創意的建議中，有一個最吸引我，那就是到別人院子種花。我很欣賞這個點子，因為：一、這個構想非常奇特，幾乎一定會遭到打槍。二、如果有人同意，我還能對美化對方的居家環境有所貢獻。

買了桃紅色的雙喜玫瑰花，我在奧斯汀開車找目標。上次兜來兜去找房子時，我非常緊張。但是這時候，我已經是被拒絕老鳥。我選中一戶人家，就走過去敲門。當時走向史卡特家，我覺得命在旦夕，這次卻幾乎是稀鬆平常。

應門的人是個白髮老先生，他瞥了我手中的玫瑰花一眼，畢竟很難不看到。他可能以為我是推銷員，因為他似乎不太有興致開口。我解釋自己想在他的院子種玫瑰，而且是免費。他大吃一驚，然後莞爾一笑。

「比我想像中有意思，」他有點難為情地坦承。「謝謝，我心領了。」

現在就是我被拒絕之後深究的機會，他快關上門時，我說，「沒問題，但是我可以請教原因嗎？」

「我不喜歡在院子裡種花，」他解釋。「我的狗會挖出來搞得一蹋糊塗。謝謝你的好意，可惜你找錯人了。」

他又看了一眼玫瑰花，「我很欣賞你送花的善意，如果你去問馬路對面的蘿倫，她可能會同意，她很愛花。」

這倒是意外的發展，我謝過之後跨過馬路。因為得到新情報，信心高漲、心情激昂，我邁開步伐走向蘿倫的家。他們夫妻正要出門，聽到我的提議，和老公商量之後，她同意我在她家院子種雙喜玫瑰。

「我喜歡桃紅色的玫瑰。」蘿倫喜形於色，真心高興花園能增添新貴客。

我種的玫瑰莖幹直挺，還有形狀如同Y的分叉枝梗。這株花實實在在地提醒我，被拒絕之後再追問「為什麼」的力量何其大。我和男子交談，得知兩個重要消息：

一、對方拒絕我不是因為不信任我，也不是覺得我古怪。他欣賞我的提議，只是不適合他。

二、他提供線索，幫助我找到另一個可能接受我的禮物的熟人。

第一次進行被拒絕實驗時，我問公司大樓警衛能不能借我一百美元。他拒絕之後問我：「為什麼？」因為恐懼又羞愧，我一溜煙逃走，沒解釋自己開口的理由。但是那天之後，我始終無法忘掉他的反應。

死忠的達拉斯牛仔隊球迷答應我在他家後院踢球，我曾問他為何同意。他說那個要求「太莫名其妙」，以致於他無法拒絕。了解史卡特不得不答應的理由之後，我更了解他和他的決定。但我之所以知道，是因為我問了為什麼。問過白髮男子拒絕玫瑰花的原因之後，我又得到不同的結果：解釋和轉介。他也許讓我被拒絕，但也指引我得到首肯的明路。

對我而言，問清楚理由多半可以釐清我對他人動機的誤解。以前我一吃閉門羹，就自動認定我絕對是做錯事了。然而只要多花點時間和拒絕我的人攀談，我會發現自己的提議只是不符合他的需求。他不是針對我，他不要玫瑰花不是因為贈送的人是我，他會拒絕所有人。我不認為他是為了打發我才瞎掰，否則也不必推薦我去找另一個愛花的鄰居。

無論是否符合邏輯，是否經過審慎思考，是不是攸關心情，或者只是一時衝動，人們做每個決定都有理由。問清楚背後的原因，有助於緩解甚至終止被拒絕帶來的痛苦。許多人拒絕我，不是因為我的要求或我本人有問題，反而是完全無關的原因，有時還相當容易排解。一旦了解這一點，我知道自己更能接受被拒絕，甚至當成經驗，下次便能提出更完美的要求。

問清楚理由只有好處，沒有壞處。畢竟你已經被拒絕，了解拒絕的理由可能很重要。事實上，詢問「為什麼」甚至是化拒絕為同意的工具。

撤退，不要逃跑

【被拒絕的一百天：麥當勞挑戰（下午點鬆餅漢堡 McGriddle）】

進行被拒絕的一百天期間，越來越多人挑戰我敢不敢做各式各樣的事情。有一天，某個粉絲問我敢不敢到附近的麥當勞，請店員幫我做只有早晨才提供的鬆餅漢堡。他確信我「百分之百一定被拒絕」，因為麥當勞在中午十二點之後就不提供早點。

我點購鬆餅漢堡時是下午兩點，對方很快就婉拒我。我問了理由，她說他們已經清理做蛋和香腸的機器。我決定改變戰略。

「你們有類似鬆餅漢堡的餐點嗎?」我問。這句話挑起店員的興趣,她說她可以幫我做「簡單的鬆餅漢堡」,也就是烤蜂蜜鬆餅上塗起司,我接受了。端漢堡就座之後,我掉轉 iPhone 鏡頭自拍,證明我戰勝粉絲所謂的不可能任務。漢堡少了蛋和香腸,美味自然減分,但我依舊吃得清潔溜溜,其實口味也還不錯,

麥當勞的挑戰本來只是傻里傻氣的實驗,後來卻為我上了重要的一課。我嘗試協商策略,這種技巧日後也成為我的重要武器。我原本另有打算,重新評估之後決定退而求其次,這次是點了一份「類似鬆餅漢堡」的餐點。店員知道我已經讓步,她也願意提出妥協方案。

在戰場上,撤退和潰敗有明顯的差異。撤退通常是一時;軍隊為了重振旗鼓、增強軍備或是轉往更好的戰略位置而撤退。相反地,潰敗是軍隊失去戰鬥能力或士氣。潰敗的軍隊往往棄械逃亡,手無寸鐵的士兵背對敵軍,成為箭靶。潰敗之際,通常也是戰爭中死傷最多的時刻。

對被拒絕感到恐懼或焦慮的人而言，提出要求就像打一場迷你戰爭。光是開口就覺得不自在，遭到拒絕之後更難判斷是該追問原因，還是立刻打退堂鼓。我發現：一、如果我不顧別人的回答，堅持己見，對方會惱火，不肯再溝通。二、如果我轉身就跑，我就是自動繳械投降。無論如何，我離開時不但沒達到目的，也太在意他人的判斷，還會打擊自己，自暴自棄。這些「戰役」最慘烈的戰況不是被拒絕，而是因而失去自信。

鬆餅漢堡的例子教導我還有第三種有力的方法，就是撤退、重新評估、嘗試新方法。如果我能調整要求，用另一種方法提問，也許可以見到耐人尋味的意外發展，事實往往也是如此。有一次，我請高級飯店提供免費房間，對方當然斷然拒絕，後來我降低要求，對方同意我免費參觀各種房間，還在那家飯店以舒服聞名的床榻上小睡片刻。又有一次，我走進消防局，詢問我能不能從滑桿區溜下來。結果那裡是平房，根本沒有滑桿。我再次退而求其次，值班消防員親自帶我參觀消防局，甚至邀請我搭他們的消防車。

羅伯特．齊歐迪尼的《請你跟我這樣做》是享譽國際的心理學和溝通術著作，他在書中解釋被拒絕之後妥協讓步的效果有多顯著。他認為多數人不想當壞人，只要提出要求的人退一步，他們鮮少再度拒絕。所以締造出雙贏局面的成功協商往往是因為相互讓步，而不是雙方堅守己見，拒絕退讓。

追問原因可以開啟互相諒解的全新途徑，雙方之間也增添更多可能。但是退而求其次，「如果這樣不行，那樣可以嗎？」一再重複提出這些問題，我發現拒絕之後也還有極大的轉圜空間，我以前都不明白。每個「不行」周圍都有許多隱形的「可以」，就等著我找出來。

如果某個職位面試不過關，一個選擇是逃之夭夭，另一個選擇就是請對方根據你的履歷推薦其他工作。如果有人回絕你的宣傳，大可以請他推荐其他部門或客戶。只要有地方退讓，加上保持心胸開放，就能避免在被拒絕之後潰不成軍。

同心協力，不要競爭樹敵

【被拒絕的一百天：創造我自己的冰淇淋口味】

小時候在中國，我有許多遠大的夢想，其中一個就是從中國地底挖洞通往美國。六歲時，我就開始在住家附近的馬路邊挖洞，兩天挖了三呎之後，有人去向我媽告狀。我的冒險就此打住，我得等到十年後才能出發去美國。

另一個夢想是發明自己的冰淇淋口味，這個就從未付諸行動。既然我已經展開被拒絕之旅多時，也更清楚如何在被拒絕之餘還能有所收穫，現在似乎是放手一搏的好時機。

我考慮過自己的口味之後，前往本地著名的艾美冰淇淋店。那家店以美味馳名，店員幫顧客挖冰淇淋、灑配料時的舞步也是一絕。幸好這次我媽不在，擋不了我。

我走進店裡，請店員幫我做我命名為「泰國苦刑」的口味。那種口味要結合乾辣椒、墨西哥辣椒和我所能想到最辣的鬼椒。我曾在泰式餐廳點無敵辣的餐點，後來兩天內臟飽受折磨。我確定沒有人會想吃「泰國苦刑」，而且店員也不可能願意幫忙調製。

顯而易見，店員拒絕了，還介紹我選店內現有口味。我沒放棄，也沒將就選擇香草口味，反而開始問問題。我問他們有沒有辣味，對方說他們在夏天時的確賣過幾客（當時是冬季），有兩個是墨西哥胡椒口味，另一種則是「巧克力山葵」。他到冰箱找卻找不到，還說如果我可以自己準備香料，他就能幫我特別調配。

最後店員給了我幾球詭異的培根薄荷冰淇淋，但是我喜歡，一定比「泰國苦刑」好吃。

現在回想起來，店員還真的走出櫃檯到我旁邊，和我一起想辦法。那不是「你對抗我，你贏就是我輸」的比賽，而是我們並肩挑戰，解決問題，創造雙贏局面。況且，他也給我機會創造自己的口味，只要我讓步，自己提供材料。

在我害怕被拒絕的階段，有權力答應或拒絕我的人很容易就被我當成對手。但是當我改變想法，開始當他們是**協力夥伴**之後，突然發現自己來到全新的疆域。我對艾美冰淇淋店的店員沒有任何負面情緒，他四平八穩的態度也幫助我保持樂觀和體貼。我問他眼前發生的問題，他就會發揮服務精神，幫助我達成目的。而且我一次又一次的見證，結果勝過我原先的要求。

反之，合作的反面——爭辯——絕對會引來拒絕。上次洛杉磯紀錄片團隊來奧斯汀為我拍短片，更證實我的論點。他們很驚訝我竟然有辦法說服別人答應我的瘋狂要求。當時我自己也很納悶，便同意帶他們一起進行實驗計畫。

奧斯汀有「現場音樂之都」的別名，充滿大大小小的獨立音樂工作室，員工通常也是兼差樂手。我打算找一家工作室，請某位工作人員演奏他或她最愛的曲子。

我們都想知道由另一人提出要求會有什麼結果，所以派出拍攝團隊的伊森。他走向櫃檯，請問他能不能帶我們參觀工作室，並小露一手。那位先生拒絕了，他說自己正在上班，還有點不高興。

伊森開始爭論，指出配合潛在客戶的要求也是櫃檯的職責。對方說工作室明文規定，沒付錢或沒得到允許的顧客或員工絕對不准使用樂器。兩人一來一回，音量不斷提高，被拒絕實驗很快就變質成關於規定和責任的辯論。

根據過往經驗，我知道再吵下去不會有好下場，所以我決定出面。「我們知道這是不尋常的要求，你拒絕也絕對有道理，」我說。「但是如果你同意，我們會非常感謝，只是希望你能在工作室打鼓給我們聽。」

櫃檯看著我，又抬頭看天花板，接著開始點頭。「好吧，」他說。然後就領我們走進工作室最精良的鼓室，表演他最愛的節奏。

記錄片拍攝團隊幾乎快跌破眼鏡。他們不只拍到被拒絕實驗和打鼓表演，還親眼看到回絕如何轉化為同意。我們謝過櫃檯離開之後，拍攝團隊問我下了什麼蠱，竟然能讓他在拒絕伊森幾秒之後就同意我。

其實依據我一路走來的經驗，這種轉變其來有自。找拒絕你的人吵架，恐怕最不可能改變對方的反應。事實上，這種方法保證被拒絕，因為爭論會化友為敵。我當工作室員工是協力人員，不同的交涉方法也改變他的心意。我清楚點出他有權利說「不」，反而得到我們想要的「好」。

切換，不要放棄

放棄還是不放棄？這個念頭肯定在失敗過的人心中徘徊不去。心靈成長大師和勵志演說家就會奉邱吉爾的名言為圭臬，「絕對不要屈服，永不永不永不——無論事情大小，重要或瑣碎——永不屈服」，或引用美式足球名教練文斯・隆巴迪的話，「贏家永遠不放棄，半途而廢的人永遠贏不了。」然而現代創業鉅子鼓吹無法實現的點子，他們的金科玉律就是「快速失敗，常常失敗」。暢銷書作家和經濟學家史蒂文・李維特和史蒂芬・杜伯納甚至在他們的作品《蘋果橘子思考術》中以「半途而廢的好處」為題，寫了一整章。

說到被拒絕，放棄與否各有好處。在「被拒絕的一百天」的實驗中，有時無論用哪一種交涉方法或策略，都無法改變對方的心意。如果對同樣的人重複提出相同要求，卻希望我的毅力可以改變結果，這種期待幾乎每次都落空，也不實際。

與其放棄，我發現後退一步，換個條件再試一次，便能有不同的結果；我稱之為「切換」。上次我試圖找一天的零工，我試了三家公司才得到首肯。到別人院子種花的那次，也是第二位的蘿倫才接受。不顧他人的需求和喜好，拚命努力說服他，不如換個人問更有收穫。

另一個「切換」方式就是改變環境。

史蒂芬．馬布瑞從小就是著名運動員。他在布魯克林出生、長大，很快就因為擅長打籃球而有「星布里」的暱稱，他被視為美國職籃的新生代明星控球後衛。他在高中就拿到「紐約籃球先生」獎，也入選麥當勞明星隊——這兩個頭銜都是至高榮耀。他還是某本書[4]的主角、電動遊戲封面人物。他上了喬治亞理工大學一年，一九九六年ＮＢＡ選秀第四順位就挑中他。二〇〇一年、二〇〇三年入選明星隊，並且五度帶領隊友打入季後賽。

馬布瑞的經歷就是頂尖籃球員的漂亮履歷，其實別的不說，至少他在ＮＢＡ的故事就充滿爭議和排擠。他進入職籃之後，大家開始發現他有英雄主義情結、時常頂撞教練，自私自利的名號也不脛而走。他加入夢寐以求的紐約尼克隊之前，換過四次東家。然而他又迅速槓上兩個總教練，被冠上「惡毒」、「教練殺手」、「笨蛋」和「窩囊廢」的惡名。他時常遭到禁賽，球迷也報以噓聲。

儘管馬布瑞表現不俗卻惡名昭彰，紐約尼克隊被迫與他分道揚鑣。他在波士頓塞爾提克隊的一年都沒有出色成績，最後被迫離開美國職籃。儘管馬布瑞才華洋溢，但他在ＮＢＡ五個球隊待十三年的期間，卻都不為球隊或球迷所認可。他的職籃生涯似乎就此戛然而止。

史蒂芬．馬布瑞大可靠著早年累積的財富安居樂業，也可以轉投ＮＢＡ其他球隊，延長逐漸走下坡的事業。但是他兩者都不選，反而退而求其次，到地球另一端的中國開創職籃生涯。

中國文化傳統較保守，馬布瑞大剌剌的個性和球風成為中國職籃（ＣＢＡ）需要的領袖風格。他在中國職籃待了兩季之後轉投北京金隅隊，該隊雖然是男籃職業聯賽最多金的隊伍，卻從未在ＣＢＡ創立十七年中奪冠。

馬布瑞從ＮＢＡ燙手山芋成為北京的傳奇人物。身為先發的得分後衛，他每場比賽平均得分三十分，在二〇一二年帶領金隅隊拿下冠軍。領獎前，隊友將他拋到空中，他後來更在更衣室大哭十五分鐘，還不斷告訴記者，「這些年真是太棒了。」

兩年後，他帶領北京金隅二度奪冠。三十七歲的馬布瑞成為北京兩千萬居民的英雄，甚至獲得市長頒發「北京榮譽市民」獎。他們還在金隅球場外立了馬布瑞的銅像。就各方面看來，馬布瑞都是不折不扣地從出盡風頭，吃遍閉門羹，再登上名望的高峰。

無論你對馬布瑞的個性有何評價，他的「切換」說明被拒絕之後並非毫無生路，也不見得沒戲唱。死命堅持和半途而廢，不是被拒絕之後的唯二解

4. The Last Shot : City Streets, Basketball Dreams。

答。有時就得後退一步，重新評估自己的才幹和夢想，衡量所有條件，想想自己在什麼樣的環境中爭取認可。全都想過一輪之後，也許就能找到嶄新的交涉方法，以全新的角度檢視理念，繼而得到夢寐以求的認可。

經驗傳承

一、**道別之前先問原因**：被拒絕之後繼續對話。關鍵字眼就是「為什麼」，這麼做往往可以弄清楚背後的原因，被拒絕的人也有機會可以解決問題。

二、**撤退，不要逃跑**：初次被拒絕之後不要放棄，稍作退讓，就有更大的機會爭取成功。

三、**同心協力，不要競爭樹敵**：絕對不要和拒絕者爭論。反之，努力與對方合作，想辦法解決無法同意的問題。

四、**切換，不要放棄**：決定要不要放棄之前，先退一步，另外找人提出要求、換個地方，或是改變客觀條件。

CHAPTER 7

準備接受同意

二〇一一年推出的紀錄片《壽司之神》，將小野二郎的故事呈現給全世界；這位八十五歲的日本老翁畢生都在精進創作完美壽司的技藝，他讓位於東京的狹小餐廳成為世界聞名的壽司店、日本國寶，甚至連美國總統歐巴馬造訪日本時都宣稱那是「我這輩子吃過最美味的壽司」。

這部作品之所以震驚這麼多觀眾，是因為小野二郎的學徒要在餐廳工作前得經過辛苦又繁瑣的基本功訓練。首先，他們必須學會徒手擰餐廳提供給客人的熱毛巾，這可能會因此燙傷手。學會這點之後，才能切魚、準備魚貨。再過十年，才有資格煎蛋。有個學徒解釋，他必須準備兩百多籃的蛋長達好幾個月，才能幫顧客料理蛋。

小野先生的故事指出，必須先學會基本功夫，才能練習更複雜的工作，最後才能真正精通這門藝術。

如果我終生的技藝就是處理被拒絕，那麼聽到「不」之後繼續堅持就像是擰熱毛巾。我已經收穫良多，但是還有極大的進步空間。下一步就是學習以不同方式提出要求，一舉拿下更多人的同意。

因為爭取同意牽涉到說服對方，我發誓我會繼續提出各種瘋狂要求，絕對不因循苟且，專挑軟柿子吃。我不想提出輕鬆又理所當然的要求，我已經比剛展開實驗的初期更有自信，不需要靠輕鬆得到的同意增加信心。我希望無論自己提出多荒謬的要求，都能找到更有可能不被拒絕的通則。

提出理由

【被拒絕的一百天：隨機找人發送五美元，找陌生人拍照】

人生中最美好的事物都不花錢，這種話儘管說給鳥兒、蜜蜂聽。給我錢，那才是我要的。

——巴瑞特・史壯的歌〈我要的只是錢〉

事實真像巴瑞特・史壯的經典名曲所說，人們真正要的只是錢？果真如此，那麼送錢——而且沒有任何條件——應該是大家都能接受吧。至少我站在奧斯汀人潮洶湧的市區街角時就是這麼想，以為每個路過的人都會接下我發送的五美元鈔票。我沒說出原因，只管發鈔票，問他們想不想拿五元，卻沒說出任何理由。

為了荷包著想，我只向五人發鈔票，結果如下：

路人甲：她很高興，直嚷著「你人真好！」還說她若看到有需要的人，「也會送給對方。」

路人乙：她狐疑地打量我，問我是不是另有陷阱。聽到毫無機關之後，她微笑的收下錢——但是告訴我，如果哪天需要了再去向她討。

路人丙：他斷然拒絕，「我不需要五元。」離開之前，他告訴我附近有遊民之家。「有很多人非常想要五美元，你怎麼不給他們？」

路人丁：他問我有何目的。「完全沒有。」我說，他迅速離開。

路人戊：她也問我有何目的，我再度回答「完全沒有。」她不自在地大笑離開。

結果是兩人同意，三人拒絕。

沒多久之後，我帶姑姑去紐約市觀光，那裡永遠車水馬龍。無論我們去哪裡——時代廣場、中央公園、帝國大廈——都看到有人正在拍照。拿相機的人往往客氣地請陌生人離開鏡頭，或是等大家走完。每個人似乎都想證明，當時只有他們一伙人正在參觀著名地標。反覆看到這個畫面，我突然有個點子。既然紐約客也是紐約市的一景，不如請我姑姑當攝影師，拍我和隨機找來的紐約客？

往後幾小時，我請幾十個人與我合照，對象包括各種膚色、性別、年紀。有些人的英文不太流利，唯一的共通點就是我接觸他們的方式。我說我想和他們合照，因為人們也是風景。

起初有人以為我要請他們幫忙拍照，聽到我請他們入鏡也頗意外。其他人則是先遲疑了一會兒，才考慮起這個不尋常的要求。

然而最意外的人是我，因為每個人都同意了。

許多人認為我的被拒絕實驗之所以可以得到那麼多同意，是因為我住在德州奧斯汀，當地本來就以居民活潑、創意十足聞名。他們認為這純粹歸功於南方人的好客，倘若我在紐約或是歐洲任何地方提出相同要求，一定會遭到斷然拒絕。

就某些案例而言，這種想法也許不假。但是我在奧斯汀多次被拒絕——有時甚至令人匪夷所思，例如發送五美元鈔票那次。如今我人在紐約，提出對任何人都沒有好處的要求，結果我詢問的所有人都願意和我合照。

乍看之下，這件事情似乎莫名其妙。但是重看錄影畫面之後，我看到紐約合照要求和奧斯汀發錢實驗之間的明顯差異。我在紐約告訴每個陌生人為何請他們合照，因為我希望照片中不只有地標，還要有人。我明白說出動機，沒任他們妄自揣測。結果每個人都做出正面反應，儘管這個要求不同於日常的傳統社會行為。

我早就發現被拒絕之後追問原因，有助於我了解對方的思考邏輯，有時甚至可以說服他們同意，甚至給我更有趣的提議。現在我又發現，一開始就解釋我的理由，也有類似的效果，而且我不是第一個發現這一點的人。

一九七八年，哈佛心理學家艾倫・藍格進行的實驗就證明了這件事情。她走向等著用影印機的人，詢問自己能否插隊先用。她想看自己提出要求的措辭是否會影響別人的反應。當她說，「打擾了，我要印五頁，可以讓我先用嗎？」，六成的人會答應。當她補上原因，說「打擾了，我要印五頁，因為趕時間，可以讓我先用嗎？」，答應的比例提高到百分之九十四。第三種說法也提出原因，但是故意說得很荒謬：「打擾了，我要印五頁。因為我得影印，可以先讓我使用嗎？」不可思議的是同意的人也有百分之九十三。

蘭格的「影印機」實驗成為心理學上的里程碑研究。實驗顯示，無論理由是什麼，只要知道請求背後有其原因，都會大幅影響人們的反應。這點適用於我每個被拒絕實驗，如果我說出原因，無論內容有多離譜，我都更有可能得到同意。

但是許多人都會跳過這個步驟，包括我自己。回顧以往，我很訝異自己提出要求時竟然常常不說明理由，因為我總是先入為主地認為別人都知道，或根本沒有人想知道原因。有時我太沉浸於自己的要求當中，根本沒想到有必要解釋自己的熱忱所為何來。有時，純粹覺得說出自己理論的根據，容易受到批評。或者，我自己也不確定，甚至對自己都說不出口。

以「我」開頭

藍格的實驗只從提出要求的這一方檢視結果的差異，無論她的解釋多可笑或多有道理，都是發自她個人的需求，並未顧及排隊等著用影印機的人。我不禁納悶：如果我提出的理由不是著眼於我，而是**他們**——也就是我提出要求的對象？

在暢銷書《如何贏取友誼與影響他人》中，戴爾．卡內基提倡「真誠地關心他人」和「多談對方喜歡的話題」。如果我引用這個道理來做被拒絕實驗呢？如果我提出的理由符合對方而不是我自己的興趣與需要，會不會因此提高別人同意的機率呢？

被拒絕的一百天：幫髮型設計師剪髮

我並未上傳所有被拒絕實驗的影片，靈感來自卡內基的那段就是其中之一。打從一開始，所有可能會出錯的環節都無一倖免。

我想走進附近的美髮沙龍，詢問設計師是否願意讓我幫她剪頭髮，調劑她單調的生活，我也大膽執行這個計畫。我與拿著銳利剪刀的越南裔設計師寒暄幾句之後，提出要求。

「我可以幫妳剪頭髮嗎？」我問。

「你要剪我的頭髮？」她似笑非笑，顯然覺得頗妙。

接著我補上當時自覺慷慨的好理由。

「對，妳一定幫幾千人剪過頭髮，肯定對自己的工作覺得無聊透頂，也想知道顧客又是什麼心情，」我說。「我可以幫妳剪頭髮，而且保證漂亮。」

設計師顯然以自己的工作為榮，我話還沒說完，她已經開始皺眉。

「你說我一定覺得無聊透頂是什麼意思？我愛我的工作！」她反駁。

當時正給她修剪頭髮的顧客察覺設計師不開心，自告奮勇地捍衛她。他開始罵人，說我打斷她的工作，還爆粗口。

我的要求的確古怪，但是我沒想到會遭到兩人怒罵。當對方罵髒話、憤怒指責我，我很難保持冷靜。儘管我想解釋自己只是想為她做件趣事，哪怕只剪一小撮都好。

但是為時晚矣。無論我如何解釋，都無法改變氣氛，化干戈為玉帛。

最後我只能道歉離開。我的心情很糟，不是因為我被拒絕，而是本該博君一笑的趣事，情況竟然急轉直下。我為設計師感到難過，因為我說錯話，破壞她開心的一天。根據她最初的反應看來，如果我說出真正的理由，她也許還會答應。

因為那名顧客說髒話，我始終沒上傳這段影片。我不想用自己的社交媒體讓別人難看，那件事情本身就夠令我難過了。

「理髮師事件」讓我學到重要教訓（其一顯然是千萬別低估他們對工作的自豪程度），真正的殷鑑如下：我根本不明白理髮師的需求。結果我亂猜，事後也證明我太瞎，虛構的理由非常不恰當。專業理髮師怎麼會同意陌生的門外漢幫忙剪髮，還冒險搞砸自己的髮型？此外，她熱愛工作，我說她可能覺得「無聊」，需要我幫忙「調劑」更是侮辱她。我相信一定有理髮師覺得很無聊，希望從一成不變的日子鬆口氣，然而她肯定不是這種人。無論如何，我都不該干擾她的工作。

況且，就算她想喘口氣，也絕對不可能讓莫名其妙的人幫她剪頭髮。提議唱卡拉ＯＫ給她聽，或是幫忙打掃店裡都更實際。

這件事最令我苦惱的一點，就是我發現自己根本沒考慮到他人的需求。我希望這次的被拒絕實驗是以她為主，結果我的提議對她沒有任何好處。我之所以開口，只是為了實踐我想提出荒謬要求的私欲。

德州大學奧斯汀分校的社會心理學家詹姆斯・潘尼貝克研究過人們在電郵中如何使用代名詞，他發現人們越常用「我」，說實話或別人認為他們說實話的可能性越高。反之，人們越常用到「你」或「他／她／他們」當主詞，說假話的機率越高。難怪銀行或公共事業單位來函公佈不受歡迎的消息，無論是提高費率或減少某樣福利，開頭總說「為了讓你得到更好的服務」，只是我們向來不買帳。

我要求「借一百美元」、「漢堡續盤」或「在你家後院踢足球」，都沒想過要編理由說服對方答應對他們有好處。人們也許同意，也許拒絕，都沒有人生氣或覺得遭到侮辱。提出要求時以「我」開頭，就是確定別人明白我請他們幫忙，不是一聽就沒道理的假意關心。

點出對方的疑慮

理髮師事件再度點出信任和讓人放心的問題，兩者都是被拒絕實驗中的重要主題。聽到我的要求之後，我發現人們臉上會有某種特定表情，混雜了驚訝、困惑和懷疑。我可以察覺他們開始打量我，在心裡問他們自己：我怎麼知道他沒有不懷好意？我怎麼知道他葫蘆裡賣的是什麼藥？是不是想拉我加入邪教？還是想偷我的身分？我只是想克服自己的被拒絕恐懼，知道我隨機接近別人並無惡意。但是我要怎麼確定他們知道呢？我該怎麼讓他們與我交談時更自在？

被拒絕的一百天：到「星巴克」咖啡店當接待員

我很喜歡接待員，那些友善、熱心的人就站在大賣場如「沃爾瑪」大門內，他們總是神奇地知道你要買的東西放在哪裡。我走進店裡，站在一望無際的賣場感到茫然時，他們那聲「嗨」總讓我覺得窩心，而且有人幫忙指引方向當然好。

但是我不常去「沃爾瑪」，相反地，星巴克咖啡店則是我最愛去的地方。我始終認為他們友善又方便，況且我也喜歡他們的咖啡。但是「星巴克」沒有接待員，以後恐怕也不會有。我認為，到那裡進行被拒絕實驗似乎是個不錯的點子。

因此我到家裡附近的「星巴克」，問店員能不能讓我站在門邊一小時，當「星巴克接待員」。店員的名字是艾瑞克，果不其然，他花了一番工夫才搞清楚我的要求。我看得出他很想答應，卻不清楚我的意圖。看出他的為難之處，我努力想讓他舒坦自在。

「很詭異嗎？」我問他。

「對，有點怪。」他回答，彷彿如釋重負。但是聽到我自認要求很奇怪，他似乎安心多了。「你不是想來推銷什麼吧？」然後說以前有女子站在門邊，試圖向進門的顧客兜售商品，最後他們只能請她離開。艾瑞克不希望歷史重演，他之所以猶豫，有部分原因也是因為他想起了那個棘手狀況。

我保證我不會兜售任何商品，只是喜歡他們的咖啡，希望人們來「星巴克」更開心。艾瑞克終於讓步，「只要別太誇張，我沒有理由拒絕你。」他說。

接下來的一小時，我站在門邊，微笑歡迎每個顧客。我甚至嘗試說不同的句子，例如「歡迎光臨星巴克！」和「我們提供世上最棒的咖啡！」大部分人都當我是空氣（但是有個顧客向我舉咖啡杯致意），然而我不在意。身為接待員，我很容易就覺得開心。

雖然聽起來不合常理，其實點出他人的疑慮反而有助於對方同意你的請求。向艾瑞克坦承我的請求很「詭異」，居然還提高他對我的信賴感。第一，這證明我沒發瘋，而且和他有共識。此外，這也證明我誠實又有同理心，這兩點正是博取信任的關鍵。我問「很詭異嗎？」幫助艾瑞克放鬆，敞開心胸接受我的請求，也給他機會坦率解釋他的顧慮。我也因為那段對話，才有機會向他擔保，我當接待員不會對他、顧客或店面有任何負面影響。到頭來，反而提高他答應的機率。

說來輕鬆，但是事到臨頭時，很難主動先發制人，點出對方的疑慮。展開被拒絕實驗前，我提出任何請求——無論是找工作、找金主或是請人購買我販售的產品——絕對不想提起或討論對方可能有的疑慮或問題。我認為這麼做只會減分，讓對方更有理由拒絕我。我希望不提起，他們的疑慮就會消失，至少不要浮上檯面。一般而言，他人的疑慮不會自動消散，反而盤據心頭，如果你不加以控制，就會成為被拒絕的關鍵理由。

我當然不是第一個發現點出他人疑慮反而可以增加公信力，公司行號時常運用這個原則。就拿達美樂披薩為例吧，二〇〇九年全美披薩連鎖店對顧客口味喜好做市調，「達美樂」和「查克起司」親子餐廳一起殿後。沒多久，「達美樂」全面換過披薩配方和菜單，但是全美聯播的廣告不主打可口的新配方。該公司反其道而行，猛烈抨擊自家舊產品、分享消費者的意見，包括**大量生產、沒意思、平淡無奇和沒有記憶點**。

我記得看到那些廣告，心想如果「達美樂」敢誠實描述以前的產品，改頭換面之後肯定有可看之處，我甚至因此親自跑了一趟。有這種想法的人不只有我，事實證明新產品的推出加上誠實的廣告手法非常成功。廣告推出一年，儘管全美經濟衰退，「達美樂」的季營業額增加百分之十四點三，創下大型連鎖餐廳的新高。

無論如何，公開點出別人的疑慮是吸引注意、信任的好方法，往往也可以得到認同。此外，提出要求時，直言不諱也能消除恐懼和緊張情緒。「直白」點出別人沒說出口的懷疑，不但可以讓他們和你自己鬆一口氣，還能增加你的可信度。

當然，就算我準備妥當，提出理由、以「我」開頭、點出他人的疑慮，對方依舊有可能拒絕我。有時無論如何，對方還是會拒絕你，有時他或她不想接受或不需要你的好意。

儘管如此，有一點可以提高成功機率。你無法改變別人，卻可以明智地選擇對象。

選對人

【被拒絕的一百天：到大學講課】

我的家族有許多老師。事實上，我的曾曾祖父一百零二年前還在中國創立知名的儒家學院。我的祖父母、父親、叔伯都是高中老師或大學教授。我常開玩笑說自己可能是家族裡第一個資本主義者，因為我夢想創業，沒興趣傳承家業執教鞭。雖然祖母從未給我任何壓力，但是她在我小時候偶爾會說，我如果也能當老師就太好了。

所以我一直好奇在大學教書究竟是什麼景況。在「被拒絕的一百天」的實驗中，我似乎為自己的人生開了一扇窗，剛好乘機提出任何要求。如果我能成功帶回奧運五環樣式的甜甜圈，只花一個下午就找到工作，誰說我不能去教書一小時呢？

我準備了履歷表和名片，用 iPad 準備了講課內容的投影片（主題當然是如何面對被拒絕）。某天下午，我穿上最愛的襯衫，前往德州大學奧斯汀分校。

我先去商學院。因為我自覺以前的學歷背景加上現在創業的身分，應該最能引起這些教授的共鳴。但是我很快就發現學校正在放假，幾乎找不到任何教授。我要了一份教職員名單，開始打給其他系所的教授，目的只是找到人。我選中傳播學院教授喬埃．羅林斯（Joel Rollings），當時他正教授辯論課。

他接了電話之後問我是不是推銷員，我強力保證不是，只想幫他的學生上堂課，也許可以改變他們對溝通的看法。羅林斯的語調略帶懷疑，但是透露出好奇，他請我去辦公室面對面聊個五分鐘。

我在會面時解釋自己是本地的創業人，也是部落客，然後點開 iPad 的課程內容，只等他同意，我就可以去教課。他看完之後似乎印象深刻，表示這個主題不適合辯論課，卻對下學期要開的傳播與社會變遷課程有幫助，因為「從事改革的人在發起運動時常被拒絕」。

我們多聊一會兒之後，羅林斯同意把我排進課程。我不敢相信自己只是開口問，竟然就能實現夢想。我想擁抱他卻忍了下來，因為我在大學時就學到教訓，不要在教授面前太瘋狂。

一個月後，學校開學，羅林斯打來安排講課時間。我掛斷電話，知道自己的機會終於來了。

祖母在我小時候讀過一個感人故事《最後一課》，作者是阿爾豐斯・都德[5]。故事講述某位法文老師韓麥爾先生教授學生的最後一堂課。當時法國在普法戰爭中失利，被迫割地給敵人。學校隔天就要開始改以德文而非法文

5. Alphonse Daudet（一八四〇—一八九七），法國寫實派小說家。

授課，韓麥爾先生穿戴整齊去上課，也上了最精采的一課。

這不是我的最後一堂課，恰好相反，然而我也仿效韓麥爾先生盛裝打扮，穿上最愛的襯衫。我在課堂上討論到人們抗拒改變，尤其是牽涉到權力和傳統時，最重要的創意和改革運動往往面臨最猛烈的抵制。我引用使徒保羅、金恩博士的例子，敘述他們如何將抵制化為轉機，繼而改變全世界。我鼓勵學生被拒絕時不要輕易放棄，還要運用機智得到他人的支持。

課堂結束之後，學生熱情地拍手鼓勵我，羅林斯教授也擁抱我（那才叫我驚訝！）。當時我的妻子崔西在場，我抹著眼淚和她一起走出教室。我覺得祖母的亡靈也在教室觀看，而且我知道她以我為榮。

在這麼百感交集的事件之後，很難進行自我分析。直到今天，我還難以相信，如此意義非凡的事情竟然只要我開口就能達成。然而我知道有一點非常有用，也是我透過「被拒絕的一百天」實驗學到的重要教訓：找對人。

找上羅林斯教授之前，我花了好幾天為想像中的學生準備授課內容。我想像自己是教授，希望發揮淵源家學的精神，拿出最好的表現。我費心準備，不知道有沒有機會講課，別人有沒有機會看到。我也恰如其分地穿著打扮，還準備了一份強調工作經驗的履歷表，因此增加我在羅林斯教授心中的可信度。我證明自己不是懷抱瘋狂願望的瘋子，也不是在開玩笑惡搞。

但是無論我的準備有多充分，我知道說服教授同意陌生人授課的機率很低。為了增加成功率，我鎖定我希望是最有可能接受的族群。商學院也許最看重我要傳遞的訊息，所以我就從那裡著手。後來因為時機不巧，我退而求其次，找上傳播學院，碰上大方歡迎我的羅林斯教授和他的學生。如果我選擇護理學院的教授，可能就會迅速被拒絕。

換句話說，找對人決定勝敗。

幾年前，《華盛頓郵報》專欄作家金恩．溫加爾騰策劃某個有趣實驗，後來也在網路上瘋傳。他請葛萊美獎得主的小提琴家兼指揮家約夏．貝爾到華盛頓熙來攘往的地鐵站演奏，但是要穿得像個街頭藝人。貝爾是知名小提琴大師，人們得花幾百美元買票進場，才能聽到他的演奏。溫加爾騰請他為忙碌的通勤族演奏，但是他們會停下腳步，認出才華洋溢的大師，數算自己有多幸運才能免費聽到偉大演奏嗎？還是完全沒發現呢？

貝爾穿著T恤、牛仔褲，戴著棒球帽賣力拉琴，在四十五分鐘的演奏中，共有一千零九十七人經過，只有七人駐足聆聽，一人認出貝爾。

許多人認為這個結果要歸咎於通勤族對古典音樂沒興趣，或是只忙著趕時間。另一個理由就是貝爾的打扮太過低調，因此難以令人信服。

總之，沒有人可以否認貝爾是找錯觀眾。畢竟幾天前，他才在甘迺迪表演藝術中心演奏，最後大家還起立鼓掌。兩者之間的差異實在太驚人。

當然，我第一次教課和小提琴大師的精湛演奏無法相提並論，但是兩個例子都證明找對人很重要。無論你的表演或產品有多優秀，如果找錯人，如果對方不識貨、不懂得欣賞或不需要你的價值，你的努力就是白費，也會遭到否定。

經驗傳承

一、提出理由：解釋提出要求的理由，別人同意的機率就會更高。

二、以「我」開頭：這樣提出要求讓人感覺更真心，不了解別人的需求，絕對不要假裝關心他們。

三、點出對方的疑慮：先發制人，點出對方顯然會有的疑慮，就能增加彼此的信賴感。

四、找對人：選擇更有可能同意的對象，就能增加成功的機率。

CHAPTER 8

學會說「不」

進行被拒絕實驗幾週之後，每天早上起床尋找新的被拒絕方法成為有趣的慣例。有些事情依舊會引起我的恐懼，但是我學到許多心理學、協商能力和說服技巧。經由不斷實驗、測試我逐漸累積的知識——然後與粉絲分享——所帶來的挑戰，依舊令我欣喜若狂。照小野二郎的標準，我已經準備好幫顧客料理蛋。

然而我也開始納悶自己是不是已經登峰造極，不知道學習速度是否會減慢，因為被拒絕的所有面向都讓我摸個清楚透徹了。

如果當時沒碰到蠢蠢欲動的人生小危機，也許我的推論就成立。

我依舊從社交媒體收到許多讀者和觀眾的電郵，看完之後整理分類就占據我一整天的時間。有這麼多人願意和我分享人生故事、或詢問我的經歷，令我備感榮幸。我很感激他們主動接觸，也很享受幫助別人所帶來的互動和學習。

因為我公開自己對抗被拒絕的過程，也大力鼓吹大家別怕提出要求，我發現許多人也開始向我提出各式各樣的請求。人們開始請我擔任個人指導，問我願不願意僱用他們，或是請我合夥做生意。有些請求非常奇特，有人請我幫忙推銷他的農產品，有人請我到他家作客一個週末。許多請求的開端都是，「蔣甲，既然你教我別害怕被拒絕，以下就是我個人的被拒絕治療。你可不可以……？」

起初我同意每件輕鬆可行的事情，但是完成這些請求漸漸占據我的時間，我留給部落格、家人和自己的時間越來越少。這麼多的請求開始對我造成重擔，我也越來越不想回信。那麼多人都想請我幫忙，有時我就算答應，也無法好好實現諾言，這也令我良心不安。

為了恢復日常步調，我終於明白自己得拒絕別人，這可是苦差事。

因為我從小就怕被拒絕，也許我不喜歡拒絕別人也是意料中事。拒絕別人，並不比遭到拒絕更輕鬆，事實上，我因此自覺是混帳。展開被拒絕實驗多時之後，拒絕別人也讓我自覺是個偽君子。我教導大家坦率要求，卻又不答應。我討厭這樣。

況且我很不擅長說「不」。人們會寄長達好幾段的請求，如果簡短回覆「抱歉，沒辦法」，相較之下也太不尊敬對方了。然而要拿出等同他們撰寫這些電郵的時間和心力，我根本辦不到，我真的不知所措。

我開始養成壞習慣。回信拖拖拉拉，告訴自己晚點一定會回。有時根本徹底忘記，但是心裡總覺得有虧欠，夜裡也常因此輾轉難眠。很快地，我只要收到附帶請求的電郵，我就覺得害怕，而非開心。

某天我去探訪大學好友，我們已經十年不見，很高興有機會相聚。以前她就說過自己的夢想是生兒育女，籌辦非營利組織幫助弱勢婦女；在大學、研究所時期始終懷抱著做公益的理想。當然，她現在已經有兩個可愛的女兒，雖然沒有自己的非營利組織，也在幾個公益團體中擔任志工，然而她卻不覺得夢想成真。

朋友透露擔任志工的工作量。她投身的團體都有偉大的初衷、高貴的情操，但是主事者往往把棘手的工作交給別人，尤其是她。他們要求她付出更多時間，她卻不知道該如何拒絕。然而她攬下所有工作之後，又開始覺得忿忿不平。一旦她好不容易有勇氣回絕，共事者又覺得困惑，因為這又不同於她以往的行徑。這個難題導致她對目前的工作失去興趣，甚至不再覺得志在慈善公益。她說她已經決心退出，徹底抽身。

朋友的一席話令我大感震驚，不僅捨不得她不開心，還因為我們竟然都難以推辭別人立意良好的請求。我發現自己如果不好好處理不肯推辭的問題，最後也許會半途而廢。可能也會意外推翻我正在進行的計畫——因為問題的根源就是我始終對抗的問題：我對被拒絕的恐懼。我不怕說「不」，怕的是人們的反應——尤其是他們的失望和憤怒。換句話說，我擔心回絕之後遭到他們的排擠。

我開始回頭看這段日子的影片，觀察人們如何拒絕我。我很快就發現不是每次被拒絕都一樣，也有分好與壞。有些人態度嚴厲、輕蔑，其他人則說得很委婉、和善，雖然拒絕我，卻有辦法讓我對他們產生好感。我可以向這些「優秀」的回絕者學習，我一次又一次觀賞這些影片，徹底消化吸收。

被拒絕的一百天：和健身教練交換專長

我研究最透徹的影片，就是我和健身教練喬丹打交道的過程。

在貨幣尚未問世的遠古年代，人類社會盛行以物易物。在信用卡和網路交易成為主流的現代，不知道以物易物的方式還能不能行得通，因此我以這個點子進行被拒絕實驗。

我的目標是在不加入健身房的前提下，請健身教練免費教我一小時。我的回禮就是花一小時教他如何創業，如何成為部落客。

我走進本地某家「二十四小時健身」[6]，開始尋找目標，我看到有著明顯二頭肌的高大喬丹。

喬丹耐心地聽我說完交換專長的請求，然後迅速解釋他無法接受，因為公司政策規定他不能免費上課。但是喬丹很熱心，他建議我先加入健身房當會員，就可以得到一小時的免費「健身說明」課。

我不想加入健身房，因為有違我的原意。所以我拐個彎，換個說法。「如果不能在這裡進行，能不能換個地方？」

喬丹搖頭，滿臉歉疚。他說他簽了競業條款，如果自己在公司之外上課就會被開除。

我當然不希望喬丹失業，但是離開之前，我想請問當初的提議對他是否有價值。「你對創業或當部落客有興趣嗎？」我問。

「沒有興趣，我想轉行當消防員，」喬丹回答。

「很棒的志願，」我說，這是我的肺腑之言。「我非常尊敬消防員，他們都是英雄！」

「謝謝你這麼說，」喬丹回覆。但是他接下來的舉動完全出乎預料。

「我有個朋友開健身房，我有她的名片，」他告訴我。「那裡也有健身教練，你可以過去問問。他們和其他健身房沒簽約，是私人企業，也許他們會答應。」

他給我朋友的名片，我打了上面的電話，對方同意我在那裡免費健身一小時。

6. 24 Hour Fitness，一九九六年創立於美國的連鎖健身房。

喬丹最令我印象深刻之處不是他的慷慨大方，我最佩服的是他一開始如何拒絕我。他並沒有嗤之以鼻，儘管我的提議對他而言根本毫無用處。他聽我說完，還提出拒絕的真正理由，證明他對我的尊重。後來他提出解決問題的方法，盡力幫助我達成目的，更讓我覺得受寵若驚。喬登的「不行」彷彿是「可以」，他的確表現出「完美的拒絕」。

耐性和尊重

喬丹最令我敬佩的是他對我的態度。無論我為了達到目的說了幾次，又如何換個方式提出要求，他的表情都很平靜、有禮——如果別人始終維持友善的態度，你也很難不開心。拒絕別人時展現出耐性和尊重，其實是相當簡單的概念，我們卻常常不用。

就拿凱莉．布萊澤克的故事當例子吧。她是媒體公關行銷主管，幾年前在雅虎群組創立「克利夫蘭工作銀行」，幫助克利夫蘭的媒體公關行銷人員找相關領域的工作。這個群組有七千三百多人訂閱，許多人找到工作都要感謝布萊澤克。甚至連這個領域著名的組織「國際商業傳播協會」（ＩＡＢＣ）

都讚賞她的貢獻，還在二〇一三年頒給布萊澤克「年度傳播人」獎。

大眾很難不想像凱莉．布萊澤克是熱情、熱心，又擅於溝通的人。但是二〇一四年初，某封她的電郵被瘋傳，搞得她惡名昭彰。

某個陌生人要求加入她在領英網站上的人脈，布萊澤克在回信中大發脾氣。「妳要求加入我的人脈不但不妥，只對妳有好處，而且手法低俗。」她這麼寫。「哇，我等不及要讓二十六歲的求職新人分享我的行銷高層主管人脈，好讓他們找到工作。」那還只是暖身操。「我真是愛死你們這代的自目行徑，」她繼續發飆。「妳這完全是自取其辱。不要因為妳想建立人脈，就聯絡業界其他資深前輩，也不要認為他們精心經營的名單可以分享給妳……不要再寫信給我。」

收到布萊澤克這封回絕電郵的人是黛安娜．米寇塔，她當時正在找工作，計畫搬到克利夫蘭，也打算加入布萊澤克的雅虎群組。米寇塔收信之後顯然相當不開心，因此轉發到推特和 Reddit 上，也有幾千人看到。他們齊聲譴責布萊澤克的傲慢和無禮，許多人甚至認為她的回信可算是網路霸凌。她的其他電郵也漸漸出現，以下這個人忘了指出自己出自哪個產業：「我是會讀心術嗎？哪個人要我猜他們的工作，我就拒絕他們加入。恭喜，你也是其中之一。」

某個申請人寫信抱怨她的語氣，她回信：「既然我的語氣這麼討人厭，你應該去找其他人力銀行。對了，這裡只有我一家，祝你有個美好的一天。」

面對各方的嚴厲抨擊，布萊澤克只好向米寇塔公開致歉，也刪掉所有社交媒體帳戶，甚至把二〇一三年獲頒的「年度傳播人」獎還給「國際商業傳播協會」。

不拿布萊澤克的事件與賈姬和我的「奧運甜甜圈」例子相提並論實在很難。因為社交媒體力量的放大，無禮的拒絕不但搞臭布萊澤克的名聲，也抹煞她多年來義務幫忙的善行。相較之下，賈姬友善回應我的請求則有相反的效應，全世界都看到她多麼熱心。

當然，好、壞互動之間不見得有這麼大的差異，有時兩者的差別可能只是一個微笑。某次被拒絕實驗，我到書店請問兩個店員可否借書，不要買書。兩人都拒絕我，也說明了顯而易見的原因。但是一人暴躁惱火，還加了一句「不知道還能對你說什麼。」另一人則笑著解釋。下次我到書店需要找人幫忙，肯定要找個滿臉笑容的店員。

表現出耐性和尊重就能緩和回絕所帶來的打擊，有時甚至能贏得對方的敬意和體諒。冷嘲熱諷的態度正好相反，只會對另一人造成不必要的傷害，有時也會導致自己成為瘋狂復仇對象，例如凱莉・布萊澤克。

這個故事的教訓：若非得拒絕別人，請客氣回絕。

坦率直接

除了彬彬有禮之外，喬丹叫我佩服的另一點就是坦率直接。當我問他是否有興趣當部落客，他明白否認，並不假裝有興趣。結果我反而尊重他的拒絕，也尊重他這個人。

我以前不常用這個方法，每當我得拒絕時，我多半耽擱拖延。再來就是想方設法找出最不痛苦的方法表達心意，但是往往招來反效果。大部分的人容易用間接方法拒絕，或加以包裝；通常可以分成兩種：廢話連篇和「好是好……」

廢話連篇的人花很長的時間解釋他們為什麼要拒絕，這招雖然為人所詬病，公司行號卻最愛用。

二〇一四年七月，微軟解雇集團底下的諾基亞手機部門的一萬兩千五百名員工。當時部門主管史蒂芬．埃洛普寄給員工一千一百字的公開信。

埃洛普的信件以語氣輕鬆的「大家好」當開頭，然後花了十個段落解釋微軟的新策略、計畫、焦點、產品的象徵性、市場的改變，以及把公司調整成「正確尺寸」的需要。

最後，在第十一段，埃洛普才宣布壞消息。

「我們計畫在明年減少大約一萬兩千五百名的工廠和專業員工，團隊忍痛做出這個決定，也打算提供遣散費。」

我相信埃洛普的初衷是出於好意，也就是緩和遣散的打擊，而這也是職場上最糟糕的被拒絕經驗。然而埃洛普身為成功的企業高層主管，卻害怕直言不諱。所以他在公佈消息之前，大費周章地說之以理，希望員工看到重點之前已經買帳，遭到解雇的傷痛也會更小。

如果埃洛普的目標是利用公開信為大幅裁員鋪一條較平穩的路，這招並不奏效。遭到開除的員工並未看得熱淚盈眶，事實上有好幾百人激烈抗爭。

裁員時有所聞，但是埃洛普的作法是公關的夢魘。媒體公開這封信，寫出的報導標題有「微軟以拙劣公開信解僱數千名員工」，以及「如何開除一萬二千五百名員工：微軟的史蒂芬．埃洛普做了最糟示範。」

第二種間接拒絕更令人沮喪。「好是好」的例子就是回絕的人口頭上認可，甚至讚美某個請求，接著又用「可是」或「可惜」來讓別人吃閉門羹。

大家都曾打給客服中心，結果只聽到：「是的，我知道你不樂意繳交額外費用，希望我們扣掉。我們很看重貴客戶，也努力提供最佳服務。**可惜**，這次無法接受你的要求。」

說「好是好」的人似乎很客氣，也了解對方的顧慮和失望之情。然而「可是」一出——尤其是「可惜」——就徹底摧毀拒絕者的好意。「蘋果」認為「可惜」有損客服，因此以客戶為尊出名的「蘋果」門市的員工（或「天才」）不准對客戶說這個字眼。

企業顧問班．E．班哲明（Ben E. Benjamin，這是他的真名）在著作《會話轉化》討論到「好是好」的危險。他說，這句話不只語意不明，也會導致被拒絕的人的腦子難以消化處理，繼而引起防禦反應。

如果拒絕的人一開頭就說「是的，的確……」，「是的，我明白……」或「對，我知道……」，遭到拒絕的人就會察覺對方即將說「可是」或「可惜」。接著他們會忽略往後的句子，痛苦地等待拒絕，甚至想好如何反應。

拒絕別人要又快又直接，如果對方想知道理由，可以稍後再補充。沒有人喜歡被拒絕，但是大家都痛恨別人廢話連篇或說「好是好」。這兩種作法不會緩和傷痛，事實上正好有反效果。

提供其他選項

【被拒絕的一百天：用「好市多」的廣播發表演說】

某天我和家人去逛街，廣播系統傳來「請注意，本店即將在五分鐘後打烊，請將推車送還櫃檯。」進行實驗已經有段時日的我想把握各種被拒絕機會，當場就得到下一個實驗的靈感。

下次我到某家商店，隨便找個店員，請問能否用廣播宣布消息。她立刻帶我去找店經理，一個名叫羅柏的中年男子。我把自己的目的告訴他——其實就是讓我用廣播讚美店家的完善服務——他就近打量我，彷彿在評估我是不是開玩笑。

「可惜我不能同意，」他說。「我們沒有這個權限。」

我拿出自己的會員卡。「我在這裡花了幾千美元，」我說。「對你一點壞處也沒有，真的。如果你同意，店裡每個人都會很開心。」就演講而言，這段話是誇張了點，但當時我只能想到什麼說什麼，但是我覺得羅柏心意已決。

他看著我，搖搖頭。「相信我，我也很想答應你，可惜我沒有這個權限。」

可是他沒走開，反而大出所料地問我：「你餓嗎？」

這下換我摸不著頭緒。我站在原地，不知道該說什麼。

「跟我來，我請你們一家吃飯，」他說。

他帶我到美食街，「他想拿什麼都請他。」他告訴店員，又補充說明這是為了「滿足會員」。

我點了披薩和熱狗，羅柏解釋他真的想同意，因為口耳相傳的行銷是最佳廣告。他說公司雖然禁止顧客用廣播，但會員雜誌可能樂於刊登我的文章。

我選擇在部落格而非雜誌上敘述這段經歷，也感謝羅柏雖然否決我使用廣播，卻提供了其他選項。我在部落格上傳「好市多」這段影片的幾週後，我又回到原店。羅柏看到我，特地過來和我握手。他說有顧客看到那段短片，還在店裡攔下他致意。我很開心人們透過我的部落格認可他的努力，他絕對值得感謝。

「好市多」被拒絕實驗不僅讓我吃個飽，也教我拒絕別人的好方法：那就是提供其他選項。羅柏大可一口回絕，但是他有耐性又有禮，也提出拒絕的真正理由。請注意，他的確先說好，卻又接了「可惜」。但是他又請我吃飯，這是我始料未及。這種經驗教我怎麼不喜歡羅柏和「好市多」呢？

「二十四小時健身」的喬丹也提供我其他選項，就是介紹我去朋友的健身房。同樣地，那位白髮先生不想在院子裡種玫瑰，也推薦我去找另外一位，她果然喜歡我的提議。

這些例子還有另一個非常重要的共通點。上述三位拒絕我的人都明確表示他們是無法答應我的要求，不是對我個人有意見。一旦你被拒絕，很難分辨兩者之間的差異。事實上，人們之所以痛恨被拒絕，就是因為在心裡無法劃清兩者的界線。他們無法區分被拒絕這是不是針對他們個人，這得經過練習和邏輯思考才能辨明，才不會在心裡糾結。

拒絕別人時，如果能提供其他選項，就是為被拒絕的人著想。他或她的真正意思是，「抱歉，我不能答應你要求的事情，但是這不是因為我不信任或不喜歡你。」

無論你是誰，你如何巧妙裝飾答案，回絕都是攸關個人情緒的經驗。所以拒絕時一定要說得很清楚，確保對方知道你拒絕的點在哪裡，並且誠實陳述原因。這對雙方都省時、省力，也不會造成不必要的創傷。

經驗傳承

一、**耐性和尊重**：拒絕通常令人傷心。以正確態度傳遞這個訊息，有助於緩和對方遭到的打擊，千萬不要輕視被拒絕的人。

二、**坦率直接**：拒絕他人時，先否決再說理由。避免廢話連篇，或是試圖說之以理。

三、**提供其他選項**：提供其他選項得到對方同意或讓步，即使拒絕他人，也可能多了一位粉絲。

CHAPTER 9

找到光明面

我最愛的詩人之一是陸游，他在西元一一二五年生於中國。陸游是神童，十二歲就開始寫詩。二十九歲參加進京參加殿試拿了第一名的狀元，所謂的殿試是三年才舉行一次的全國大考。古代中國非常看重殿試，狀元通常成為皇帝最看重的新官，在殿試中出頭可以改變一人甚至好幾代子孫的命運。

陸游考到狀元，享用不盡的榮華富貴似乎唾手可得，但卻有個問題，陸游的名次居於秦檜孫子之前，而秦檜是當時，甚至整個中國史上，最有權勢又最腐敗的貪官。秦檜非常氣憤有人比他的愛孫高分，動用人脈把陸游拉下馬。

秦檜雖然成功阻擋陸游的仕途，卻無法阻止他寫作。陸游持續寫詩表達雄心壯志、報國赤誠。因為詩文影響深遠、聲名遠播，終於引起皇帝的注意，陸游入朝，得其所願。

然而陸游的故事並未就此劃下句點。「太優秀」的問題再次改變陸游的命運，無法忍受貪污加上嚴峻的外交立場，惹惱許多朝廷官吏。他們紛紛排擠他，攻擊他的操守，最後連皇帝也棄他於不顧，陸游因此遭到免職。

再度失業又沮喪的陸游回到老家，重拾筆墨。這段期間關於愛國情操和宦海浮沉的作品成為中國文學史上的鉅作，他生動描繪遭到排擠的痛苦，隨後又重新找到希望，這都是他的詩詞吸引我的原因。

在「被拒絕的一百天」實驗中，我不斷想到陸游的某個句子：「山重水複疑無路，柳暗花明又一村。[7]」陸游用這段文字比喻自己一生的順、逆境遇，和否極泰來的心情。

尼采有句名言：「但凡不能要你命的，最終都會讓你更強大。」說到被拒絕挫折，這句話再真切不過。每個人終其一生都會被拒絕無數次，就算真有幾次被拒絕威脅到生命安危，恐怕也是少之又少。但是幾乎每次都帶來成長的機會，我們因此可以挑戰自我、克服恐懼，凌駕不安全感，才能發揮全

7. 作者在這裡註明，二〇一〇年，美國國務卿希拉蕊・柯林頓在上海博覽會曾翻譯這一句為：「After endless mountains and rivers that leave doubt whether there is a path out, suddenly one encounters the shade of a willow, bright flowers and lovely village.」

副實力。只要我們願意尋找，任何一次被拒絕都有潛在的好處，這也是我從中學到的重要教訓。

激發鬥志

被拒絕的最大好處就是可以激發鬥志，這是我很早就得到的激發。

我的第一次重大被拒絕經驗發生在小學時期。我的齊（音譯）老師充滿愛心，關懷所有學生。有一天，她計劃幫我們辦個同樂會。她幫全班四十個人都買了禮物，然後仔細包好，放在教室前頭。齊老師請我們所有人先站到前面，然後每個人要輪流讚美同學，得到稱讚的學生就可以挑個禮物回座。這個點子很貼心，能出什麼差錯？

每次有人得到誇獎去領禮物，我都真心喝采。講台前面的人越來越少，我依舊站著。我的歡呼越來越無力，歡欣鼓舞的心情也轉為焦慮。為什麼沒有人舉手說我的好話？

站著的人數越來越少，我的擔憂已經轉為恐懼。最後只剩下三個學生，兩個人緣超差的同學和我。其他人都回到位子，手裡拿著包裝精美的禮物。

我們三人只能呆呆站著，沒有任何人舉手。

齊老師不斷要求，甚至是拜託同學讚美我們，隨便說什麼都好，我們三人就可以離開斷頭台般的講台。淚珠滾下我的臉頰，我寧死也不想站在那裡。在那一刻之前，我不知道原來自己這麼不受歡迎，但是看著旁邊另外兩人，我終於明白。

好心的齊老師結束這場恐怖劇，請我們挑了禮物回座。當時我太小，無法想像和善的她做何感想，因為鼓舞士氣的活動竟然變成公開羞辱三個小朋友，而且毫無喜感可言。比起當年的自怨自艾，如今我更同情她，因為她一定責備自己不慎促成這起悲劇。

這種屈辱可能會留下某種創傷，尤其我當時年紀那麼小。這件事可能對我有不良影響。我可能更想討好每個人，為了迎合同學而改變我的人品、興趣，希望順應潮流就能防止這種排擠事件再次上演。或者我也可以扭轉局勢，開始痛恨世上的每一個人，新聞時有所聞的憤世嫉俗獨行俠可能就是我。

幸好我選了第三條路。我不覺得自己不同於其他同學有多丟臉，反而更堅定心意。我不因為全班沒人支持就立志報復，反而想證明大家錯看我，我要讓同學知道我有真材實料。

怪的是這次的經驗也讓我覺得……鶴立雞群。我很小就覺得自己與眾不同，也不願意和大家一樣。我想走自己的路，所以才喜歡異於常人的愛迪生、比爾・蓋茲等先驅。這麼多年來，只要我走的路不同於小六同學的傳統發展——無論是搬到美國、上大學或成為當紅部落客——我總是懷抱著感恩的心情回想起當時遭到排擠一事。

我學到珍貴的一課，雖然當時不知道，展開被拒絕實驗之後才發現。我學到，被拒絕是好是壞，由你自己決定。換句話說，被拒絕的意義掌握在你的手中。你和被拒絕之間的關係可以帶來負面影響，也可以造成正面效果，就看你如何看待。

即便被拒絕經驗本身相當痛苦，有些人卻擅長轉化成助力。他們利用這些經歷強化、刺激自己。不信就去問問麥可・喬丹。

領獎的感言通常是衷心感謝家人和支持者，內容令人感動，卻也有點乏味。麥可・喬丹在二〇〇九年入選NBA名人堂的感言則充滿新意，事實上，完全不同於我聽過的所有講稿。

在這二十三分鐘內，喬丹有條有理地列出籃球生涯的挫折，並且逐一解釋這些經驗如何激勵他——從高中教練沒選他進校隊，到大學室友，而非他，獲選為年度卡羅來納最佳球員；從敵隊教練抵制隊員和喬丹交朋友，到媒體宣稱他不如魔術強森或大鳥賴瑞出色。喬丹的講詞透露出平時精心維護的形象所隱藏的那一面——他在職籃生涯甚至退休之後，如何利用這些打擊激發鬥志。

喬丹說每次的挫折「使我鬥志激昂，所以我每天都希望不斷精進球技……像我這種在籃球生涯得到許多成就的人，我們會尋找人們所做所言背後的訊息，激勵自己在籃球場上拿出最高水準，那時我才會覺得自己發揮得淋漓盡致。」

有這種想法的人不止喬丹。我越深究，越驚訝竟然有這麼多成功人士將被拒絕經驗轉化為鬥志——而且還這麼頻繁。

四分衛湯姆．布雷迪在二〇〇〇年的國家美式足球聯盟選秀中被跳過一百九十八次，最後才給新英格蘭愛國者隊挑中，但是當時他已經淚流滿面，沮喪地先行離席。後來布雷迪成為史上最優秀的四分衛，而且已經拿下三次超級盃冠軍。他常提到選秀經驗激勵他在球賽中一定要好好表現，證明給其他拒絕他的隊伍看。

有個兒時玩伴告訴身為養子的「蘋果」創辦人史提夫．賈伯斯，說他是沒人要的棄兒。根據他的自傳作家沃爾特．艾薩克森說，賈伯斯因此很傷心，說「我就像五雷轟頂，記得我奔進家裡，可能還哭了。」後來養父母向他保證，說他們特別挑選他當兒子，他才發現「我不是棄兒，有人特別選中我，我很特別。」這種看法的改變成為他的中心信仰，幫助他建立前所未有的創意顛峰。

在二〇〇〇年，前副總統高爾以少許差距輸給布希，他便把注意力轉移到氣候變遷上。他的紀錄片《不願面對的真相》榮獲金像獎，也改變了氣候議題的討論方向。高爾說他輸掉選舉是次「沉痛打擊」，也因此「辨明他多年來致力追求的使命。」

任職於迪士尼期間，傑弗瑞・卡辛堡遭到多年的上司邁克・艾斯納打壓，不肯任命他為副手。卡辛堡在《紐約時報》的專訪中解釋：「我百感交集。失望、悲傷、憤怒、害怕、看開、悲傷、一心想報復、如釋重負、悲傷。」但是他利用打擊當成鬥志，創立了自己的公司「夢工廠」，該公司的動畫在二〇一〇年的總收入超過迪士尼的皮克斯。有人懷疑卡辛堡甚至以艾斯納的形象，創作出「夢工廠」賣座電影《史瑞克》裡的頭號反派法克大人。

這些成功人物之所以有日後的成就和抱負，動機當然不僅止於被拒絕所帶來的挫折。其他動力例如「對球賽的熱愛」，或是「想改變世界」的欲望，遲早會取而代之，才能驅使他們繼續功成名就。如果他們當中有任何一位因為被拒絕打擊就失去自信——將挫折當成擋路石，而不是迫切或矢志克服的難關，不知道今天的世界會有什麼不同。如同麥可・喬丹優雅的措詞，上述每一位都把被拒絕當成「添柴加火」的動力，只是讓他們的鬥志燒得更激昂。

改善自我

【被拒絕的一百天：在街上募款】

當眾進行的的被拒絕實驗最困難，可能不止遭到一人，而是幾十個、幾百個人的拒絕。所以我搭西南航空飛往賭城的途中廣播，幾乎導致我全身發疹。這也是小學遭到排擠的經驗令我印象深刻的原因。

自己擬定實驗內容的好處，就是我最清楚自己的弱點。站在奧斯汀鬧區路口，舉牌請陌生人給錢，絕對是最讓我嚇破膽的方法。

我幾乎每天開車都會看到乞丐，也始終無法想像他們的境遇。他們需錢孔急，甚至凌駕遭到拒絕的恐懼嗎？時間和經驗就能沖淡不安和窘迫嗎？還是他們與被拒絕根本發展出另一種關係呢？

我不想站在街角謊稱自己需要錢，因此決定幫當地的食物銀行募款。

我們常聽到房地產的三要件就是地段、地段、地段，這個原則應該也適用於募款。我用谷歌地圖研究地點，選定奧斯汀主要公路下的某個路口。站在那裡，我看到乞丐眼中的世界，車子不是疾駛而過就是因為紅燈而停下，駕駛人透過擋風玻璃看我，快速評斷我，然後低頭避免四目相交。這是大眾的無聲拒絕，感覺竟然頗像小六遭到羞辱的那次。

我又想吸引他人的注意，又不希望招致批評，那種痛苦的感覺真是難以忍受。我用各種處理被拒絕的方法撐下去——對自己信心喊話、努力擠出燦爛的笑容、想像我的募款可以幫助飢餓的人，否則他們就得自己來行乞。

起初我舉的板子上寫著：**每一分錢都捐給慈善機構！謝謝**。我覺得簡單有力。但是十五分鐘過去，四十八部車經過，沒有人搖下窗戶，好奇詢問我做什麼。有句俗語說，「宣傳失靈，不要怪顧客，要怪廣告。」

我判定是標語寫的太模糊，所以我改得更明白，希望提高可信度。新的標語是：**每一分錢都捐給奧斯汀食物銀行！謝謝**。結果立刻奏效，有個名叫麗莎的女子搖下窗戶，一邊遞來兩美元，一邊對我微笑說「上帝祝福你。」另一名駕駛蘿莉給我七美元，那是我募過最高的金額。我舉著標語十五分鐘，總共有四十三個駕駛人看到，但是只有兩人——麗莎和蘿莉——捐款。

接著我又改了標語，這次更加強調我是募款做善事，不是放進自己的口袋。第三個是：**不是給我的，每一分錢都捐給慈善機構！謝謝。**

兩位駕駛，潔西卡和約翰，給我一把零錢。另一位女子邊開邊拿給我，所以我沒接到。有一位琳西建議我把板子橫著拿，而不是豎著拿，別人會看得更清楚。雖然她沒捐款，但是也沒向我索取顧問費，也算是好事。另外還有一位駕駛人問我怎麼開去食物銀行，因為他自己也需要幫助。有能力幫助別人，我也很開心。

十五分鐘內有六十五位駕駛人看到第三次的標語，捐款人有三位，金額是六點七三美元。

我又改了標語，這次希望加點幽默感。新標語是：**這是谷歌的建議，每一分錢都捐給慈善機構！謝謝。**

我想傳達谷歌地圖建議我在這裡募款，可惜最後這個成了沒人看得懂的冷笑話，只會令人覺得語焉不詳。最後這十五分鐘有三十八部車子看到我，沒有一個人捐款。事實證明，爛標語加上不成功的幽默只會帶來反效果。

但是我在這一個小時收穫良多。我總共碰到一百九十五輛車，有五人捐十五點七三美元給我，我也開心地透過網路捐給奧斯汀食物銀行。

我從這次的被拒絕實驗學到清楚傳達訊息（包括明確說明的好處）、致勝奇襲的重要性，以及自以為幽默卻混淆視聽的慘痛教訓。然而最重要的還是我學到如何利用被拒絕挫折，進一步學習、適應和改善。最初十五分鐘過去之後，我沒生悶氣、繼續逗留或是直接放棄，我將被拒絕當成大家回饋的意見，迅速改變策略，但是依舊保留我行善的初衷。

許多行業都利用顧客意見設計、改善產品。他們制定標準，評估消費者如何使用他們的產品，或是在某種狀況下會有什麼反應；繼而依據大眾的意見改變產品方向，甚至改革經營走向。

我們被拒絕時，卻鮮少運用這麼靈活的心態。因為遭到期望和情緒矇蔽，被拒絕的人往往無法善加利用對方的意見。我在第六章提過詢問、了解推辭原因的重要性。如果無法問到，你依然可以改變要求，利用別人的回絕調整你的方法。關鍵就是盡量不投入個人情緒，將自己的要求當成勇敢又創意十足的實驗。

好比找工作，如果你用同一份履歷應徵一百家公司，每次都無法得到面試機會。不要把被拒絕當成你不能勝任的象徵，因此降低期望；反而應該改善履歷，另外寫一份求職信，或是利用其他管道如朋友人脈，看看效果是否有任何改善。

是否有價值

我們想到被拒絕，就自動認為遭到挫折、受創，還必須加以克服。我們鮮少探索，是不是自己領先時代才被拒絕的可能性。

從古至今，歷史上有許多人遭到排擠，甚至迫害，都是因為他們的信念，但是日後又證實這些人的確有價值。例如伽利略的理論被稱為異端；例如梵谷生前遭人睥睨，作品在他身後卻賣到幾千萬美元；例如聖經裡的諾亞，當初造方舟準備渡過洪水卻遭人訕笑。即使到了今天，好點子也常常面對許多逆境，如果充滿創意，更是窒礙難行。

整體而言，公司、團體組織、家長、老師和社會都頌揚創意以及不按常理出牌的思考模式。然而真有人提出創意，往往遭到排擠、回絕，因為創意往往會破壞現有的規矩與制度。

在經典商管書籍《創新的兩難》中，哈佛教授克雷頓．克里斯汀生指出，企業無法創新，多半是因為他們專注於目前已有獲利的計畫，拒絕員工提出的改革。結果反而遭到外來的創新點子擊潰，而且對手往往是沒有包袱的小型新創公司。

賓州大學心理學家珍妮佛．穆勒研究「反對創意的偏見：人們為什麼對新點子又愛又恨」，她發現無論我們口裡說自己多愛創意，其實潛意識裡非常厭惡、恐懼，因為創意隱含了某種程度的不確定。人類需要明確和可預測的結果，也比較容易固守傳統和前人的智慧。所以有史以來，沒有任何翻天覆地的新創見在一開始就得到一致的認同。

回顧我自己一路走來，我辭職追求創業夢想時，很少人鼓勵我。當公司無法爭取到金援，我做了前所未見的事情。我利用寶貴的六個月所剩餘的時間，建立視頻部落格，專心研究我所遭遇的被拒絕經驗。我之所以這麼做是因為我覺得有必要，也沒問過任何人的意見。後來有個麻吉說，我很幸運沒事前告訴他，否則他一定會竭盡全力勸我打退堂鼓，因為這個點子聽起來「笨到家」。

喬治．伯納．蕭有句名言，「所有偉大真理起初看來都離經叛道。」甘地也曾說：「首先，他們無視你，而後是嘲笑你，接著批鬥你，然後你就得勝了。」

下一次大家無異議接受你的點子或提議，也許你就要想想這個創意是不是太傳統，或者只是團體迷思[8]。如果有人認為你的點子「笨到家」，那麼你可能真的挖到寶了。也許我們提出某個點子不該問「如何避免回絕？」，而是「我的點子值得大家回絕嗎？」

鍛鍊心志

【被拒絕的一百天：在人行道上演講】

常有人說與其在人前發表演說，不如一頭撞死。在「被拒絕的一百天」實驗中，我曾對不同觀眾演講。因此我在這方面的恐懼已經大幅減少，其實我還開始樂在其中，在謝家華的會議和德州大學都聊過我的故事。但是對著台下專門來聽你演講的觀眾說話是一回事，那畢竟是安全、熟悉又可預料的環境。在天候不確定的戶外演講，那可是兩碼子事。

但是我想再測試自己的極限，因此我針對這種恐懼設計另一個實驗，看看我能不能跨過難關。我計畫隨便找條大馬路，就在人行道上開始演說。我的妻子崔西陪我去，負責在馬路對面幫忙拍攝。我不知道人們會不會停下來聽，會不會拋來大白眼、噓我，或是認為我瘋了。

我不會說自己快嚇死了，但是雖不中，亦不遠矣。如果問我哪個實驗最可怕，絕對是這個。

某天晚上七點二十分，我在人來人往的奧斯汀鬧區街頭放了一張椅子，旁邊擺了兩個告示牌。第一個寫著「七點半開始說故事，如果有興趣請留下。」，第二個寫「保持奧斯汀特立獨行」，這是本地人歌頌這個城市活潑、開放文化的標語。（這些標語是為了增加我的公信力，告訴大家我只是想特立獨行，就像他們一樣。）

崔西打從一開始就拍攝。在最初那十分鐘，我就像即將去約校園美女參加舞會的頭號宅男。我的臉色蒼白、嘴唇抖個不停。五分鐘過去了，許多人也匆匆走過。有名單車騎士停下來看標語，又騎走。有條棕色拉布拉多犬聞

8. Group thinking，這是一種心理學現象。指的是團體成員在決策過程中，希望自己的觀點與團體一致，導致整個團體缺乏不同的思考角度，不能進行客觀分析。

聞標語，但是很快就被主人拉開。

十分鐘過了，沒有一個人停下。因為沒有觀眾，我準備收拾收拾就回家，後來又改變心意。我都做到這步了，無論有沒有被拒絕，乾脆直接開講，看看會有什麼發展。我看著耐心站在對街的崔西拍攝我的痛苦遭遇，對她示意再等等，接著我便起立。

我清清喉嚨，說出這段開場白：「嗨，大家好。我現在開始說我的故事，歡迎各位留下來聽。」接著我便開始演講，「那天是週日，天氣晴朗。有個人坐在家裡……」我敘述當初如何帶著足球去敲史卡特的門。

說著說著，奇特的平靜心情淹沒我，捲走原先的忐忑不安。我努力專注演講、動作，以及要說出口的下一句話，那種感覺就像突然打開電燈開關。有幾個人看著我，放慢腳步，有人站定不走。很快地，我有了六個觀眾，而且留下來聽之後就沒再離開。

我在接下來的十五分鐘說了自己的故事，從辭職開公司、到金主拒絕、我展開被拒絕實驗，以及我這一路的收穫和心得。後來最末一句話成了我演講的註冊商標：「被拒絕就像雞肉，可口或難吃都看我們怎麼料理，不要讓被拒絕的恐懼阻撓我們。」

說完之後，六名觀眾為我喝采。

「謝謝你的故事，很精采！」有個人說。

「太棒了，到哪裡才能看到你？」另一名女子問。

我覺得自豪、心滿意足。我克服恐懼，儘管吃了那麼多路人的軟釘子，依然堅持目標開始演說。

我也很慶幸自己沒放棄，因為幾週後，有更廣大的觀眾願意聽我說話，三千名企業家、部落客、作家齊聚奧勒岡州波特蘭的亞琳施尼策爾音樂廳。那是一年一度的「攻佔世界高峰會」第三屆，那個場合素以「集聚各國創意、耐人尋味人物」聞名。高峰會的創辦人和總召克里斯·古利博本人就是創業家、部落客，以及《紐約時報》排行榜暢銷書《三千元開始的自主人生》作者。他的目標就是鼓勵大家追尋夢想，這也是我強烈推崇的信念。他聽說我去 Krispy Kreme 的經驗之後，就邀請我到奧勒岡分享自己的故事。

活動開始前，我看過演講人名單，只能猛搖頭。他們都是暢銷書作家，包括《過得還不錯的一年：我的快樂生活提案》的葛瑞琴·魯賓、《上帝的爵士樂》的唐諾・米勒，以及《慾望地圖》的丹妮爾・拉波特。此外還有知名創業家如付費的創業者訪談網站「Mixergy」的安德魯・華納、「美好生活計畫」的強納森・費爾德。另外還有以教導演講為業的南西・杜爾特，她也是高爾在《不願面對的真相》簡報的幕後推手。

我也有幸躋身其中，我只是成天忙著尋找被拒絕經驗的失敗創業者，當然無法克制自己的緊張情緒。

演講前，我在後台來回踱步，感到呼吸困難。希望追上其他演講者的壓力奇大，況且我也沒看過這麼多觀眾，更別說對他們演講了。

有位志工看到我這麼緊張，自願教我幾招平復心情的伸展方法。接著導演告訴我，五分鐘後就要上台，我緊張地吞嚥口水。負責設備的工作人員檢查過我的麥克風之後拍拍我的背，「不會有事的，你可是被拒絕大師。」

這句話在我忐忑不安時還能引起我的注意，嗯……沒錯！**我可是被拒絕大師！別人避之唯恐不及，我卻打算積極迎戰一百次！**如果可以在奧斯汀熙來攘往的街頭對空氣演說，付費到場支持我的觀眾又有什麼好令我害怕？

「一分鐘！」導演大喊。

我的呼吸變得平緩，甚至擠出笑容——就是要向對手喊「將軍」之前的微笑，這裡的敵人就是我自己的恐懼。我領悟自己有別人都缺乏的武器，也就是各種克服被拒絕的經驗。

時間到了，「上台吧！快去！」導演大喊，如同班長喝令士兵穿過槍林彈雨。

我走上台，燈光打在我身上。三千人等我開口，我足足等了五秒，把美麗的音樂廳從左到右看個仔細。但是我沒看到人，只看到想像中的奧斯汀街頭，而且當時還沒有人駐足聽我說故事。那時我就知道，我可以捱過去。

「那是晴朗的十一月午后……」我開口。

二十三分半鐘之後，我在喝采聲中下台，感到欣喜若狂。我擁抱後台的志工、和大家擊掌，然而觀眾還繼續鼓掌，因此古利博喊我回台上，再多說幾句話。我站在那裡，心中無限喜悅、感恩。我感謝觀眾的支持、鼓勵，感謝古利博的邀請。我也默默在心裡感謝先前不理睬我的路人，那次的經驗讓我的心志鍛練得更堅強、更勇敢。

轉化被拒絕挫折為正面能量需要勇氣，我們必須正視它，了解它——這種經驗可能傷了我們的心，也可能幫助我們，就看我們如何看待。如果輕慢忽視，被拒絕就會成為痛苦回憶。如果當成是失敗、打擊或放棄的理由，那麼被拒絕也就僅止於此。然而我們若鼓起勇氣後退一步，用不同的角度看待，一定會有莫大收穫。因為我們會發現，再也沒有所謂糟糕的被拒絕經驗。看得更仔細，就會發現柳暗花明又一村。

被拒絕就像雞肉，可口或難吃都看我們怎麼料理，不要讓被拒絕的恐懼阻撓我們。

經驗傳承

一、**激發鬥志**：被拒絕挫折可以激發人們追求成就的強烈鬥志。

二、**改善自我**：接受被拒絕經驗所帶來的建議，就能以此當成改善點子或產品的有效方法。

三、**是否有價值**：有時被拒絕是好事，尤其是大家的意見受到團體迷思或傳統思考模式限制，或是你的點子非常有創意時。

四、鍛鍊心志：特地在艱險的環境尋找被拒絕經驗，就能鍛鍊心志，追求更遠大的目標。

CHAPTER 10

找到意義

我的「被拒絕的一百天」實驗顯然無關生死，無論是請賈姬幫我訂作甜甜圈，或是請「好市多」的羅柏讓我使用廣播，除了內心與被拒絕之間進行的小劇場之外，沒有任何風險。然而我開始納悶，如果我提出更有意義的要求又會有什麼不同。看起來毫無好處的事情，我又能從中得到什麼收穫呢？我發現，有時別人肯定或否決都不重要，有時面對被拒絕本身就別有一番意義。重點在於願意忍受被拒絕挫折，因為光是決定進行就有深奧的理由。

被拒絕的一百天：博ＤＣ（華盛頓特區）一笑

在被拒絕計畫中，我有幸認識也在進行自己獨特工作的人，馬蘇得．阿迪波就是其中之一。他在二〇〇五年從詹姆斯麥迪遜大學畢業，進入華盛頓特區的顧問公司上班。雖然阿迪波收入優渥，心情卻很差。他告訴我，東家缺乏創意，而且他覺得自己只是一個數字。他辭職，開始環遊世界。去過泰國和柬埔寨等偏遠國家之後，他回到華盛頓，感覺更開心，也準備簡化自己的生活。因為他自小熱愛音樂，很快就找到擔任演唱會策劃人的理想職業。但是他也希望幫助別人像他一樣快樂，因此從二〇一三年開始經營副業，或者應該說展開任務，也就是「博ＤＣ（華盛頓特區）一笑」。

每個週一早上，阿迪波在繁忙的華盛頓特區街頭高舉海報大小的牌子，牌子上寫滿積極正面的句子。他邊揮手，邊微笑，對車潮、人潮舉高牌子。他說，他的唯一目的就是「散發正面能量，希望藉此引領人們走出負面低潮。」他的標語和微笑已經成了華盛頓特區週一早上的特殊風景，也引起許多媒體的注意，因為竟然有人堅決要逗人發笑。

阿迪波聽說我的「被拒絕的一百天」計畫，也找上門，希望和我合作。我本來就計劃前往華盛頓特區，因此我們約定見面，我也趁這趟行程加入他的活動。為了納入我的被拒絕實驗，除了高舉阿迪波的標語之外，我們還會邀請陌生的路人一起加入。

幾週後，在某個冷得不合理的早晨，我在華盛頓紀念碑底下見到阿迪波。這個高大的男子戴著毛帽，露出溫暖熱情的笑容和我打招呼。我們握手、擁抱之後，走向街角，開始對經過的車潮高舉標語。老實說，亞洲人和中東人高舉標語，請週一早晨的通勤人潮展露笑顏，我不知道他們會有什麼看法。畢竟這裡是華盛頓特區，以交通擁擠、居民嚴竣聞名，我準備面對各種可能。

阿迪波帶了許多標語，我們輪流舉起「如果你愛著誰，請按喇叭」、「今天棒透了」到「不要對自己太苛刻」，結果各不相同。有駕駛看到之後輕按喇叭，對我們揮手，甚至展露笑顏。其他人則是一臉困惑，或是乾脆當做沒看到。

舉牌十五分鐘之後，我們開始邀請路過的行人加入。很快就碰了許多軟釘子，多半都是穿著得體的上班族男女（雖然有一個拒絕之後又補上一句，「我喜歡你們的標語」。）有一家四口經過，父母緊緊牽著兩個小男孩匆匆走過，完全沒放慢腳步。家長決心當我們是空氣，雖然小朋友看起來倒是頗有興趣。

最後終於有個學生模樣的男子走來，他名叫彼得，因為好奇而自願加入。挑了一陣子之後，他決定選鏗鏘有力的標語：「笑一個。」人力增加百分之五十，我馬上覺得打了一劑強心針，也更有動力。因為第三人的加入，我們的行為就像是某種社會運動。

有好一陣子，我們的生力軍彷彿只有彼得，多次勸說別人加入，都得到一連串的拒絕。「我們大概被拒絕幾次了？」我已經不知道確切數目，便詢問阿迪波。他半開玩笑的回答，大概有三百次。「不過這是好事，」他說，「因為他們會想著這些標語。」對他而言，那就等於是同意了。

不久後，有對父母帶著一個孩子經過，似乎迷了路。阿迪波主動問他們是否需要幫忙，他指點水族館方向之後，邀請這家人加入。「我們正在抗議不快樂的心情。」我補充。他們三個都笑了，拿起標語，開始對車陣揮舞。我不確定他們加入的原因，但是他們樂在其中。我們的人力又增加一倍，真是太令人振奮了。

「博ＤＣ一笑」的經驗非常有趣，但是一次就夠了，對馬蘇得．阿迪波而言可就截然不同。他正面積極又不屈不撓，這都是發自真心、堅定不移的信念。即使我們邀請別人加入遭到拒絕，他從未露出失望或沮喪的模樣。

臉上永遠掛著燦爛笑容，只顧著告訴我該如何揮舞牌子、如何舉出正確的標語，以及邀請別人加入的合宜方法。他的快樂、沉著非常有感染力。

我認識他的時候，他已經一週又一週的高舉牌子，時間超過一年，不論風吹雨打、日曬雨淋，也沒有任何現金回饋。這個聰明又受過良好教育的人大可利用這些時間去做別的事情，例如兼差或創業。根據經濟學的觀點，我告訴他，「博ＤＣ一笑」實在沒有道理。

「你買不到快樂。」他實事求是地說。

阿迪波辭掉薪水優渥的顧問工作，因為他看不出有何意義。但是他在「博ＤＣ一笑」計畫中找到意義，這種使命感就是他的金鐘罩，他因此有辦法一再忍受被拒絕。「被拒絕很不好受，尤其天氣冷冽時，」他解釋。「可是我習慣了。不是每個人都會笑，或是理睬我。但是我逗別人開心，自己也更快樂。」

阿迪波的例子證明，快樂不見得來自金錢、安逸感，或眾人的認同。所以最出色、最有影響力的人可能把心力都花在只有自己能給自己鼓勵的事情上。泰瑞莎修女不是基金經理人，金恩博士沒進入房仲業。他們畢生鼓吹自己覺得有意義的事，儘管終生過得清苦又不斷被拒絕。

學習同理心

有幾項最困難的被拒絕實驗，就是我在街上疾呼時——無論是募款或請求人們青睞。我總覺得陌生人會根據我的外貌、舉止、要求的內容評斷我，對方低頭避免眼神交流，或當我是空氣速速走開時，我心裡都很不好受。

這些經驗在在令我想到街上的乞丐，他們並不假裝高貴，也不是進行什麼社會實驗，而是為自己行乞，只是我不明白箇中緣由。無論豔陽高照或寒風刺骨，無論車輛廢氣有多嚴重、街頭有多嘈雜，無論人們熱嘲冷諷或睥睨輕視，在我看來，乞丐是世上最糟糕的工作。

以前我覺得自己和通勤時看到的乞丐的人生有天壤之別，儘管我們住在同一個城市，呼吸著同樣的空氣，我們的世界卻南轅北轍。但是我自己在街上面對被拒絕、拒絕之後，也對乞丐產生了同理心，我以前以為這輩子都不可能與他們有交集。現在卻想認識他們，了解他們的世界。

被拒絕的一百天：訪問某個乞丐

某天，我走向高速公路交流道路口號誌燈下的乞丐，請問我是否能訪問他，當成我被拒絕實驗的內容。我不知道他是否會同意，我們有機會對話嗎，或是我又會被拒絕呢？

他看起來似乎有六十幾歲，一撮濃密的白色鬍鬚令我立刻聯想到聖誕老人。他戴著墨鏡，棒球帽上寫著「退役軍人」，胸前掛著兵籍牌，旁邊也立了個大標語「殘障退役軍人」，他的訊息和身分都清楚明確。

他名叫法蘭克，雖然同意接受訪問，卻不安地左右環顧，不確定自己是否惹上麻煩。

往後十分鐘，他對我說出不可思議的經歷。法蘭克來自密西根，曾經打過越戰，後來受傷，無法工作維生。他的腦傷損及口說能力，所以聽他講話頗吃力。他一年半以前就向政府申請提高殘障退役軍人津貼，才能拿到更多補助，而不是只能求溫飽和遮風擋雨，卻還沒等到。

最糟的是法蘭克夫妻有個兒子，雖然已經六歲，卻因為心臟方面的疾病只有三歲幼兒的體型。奧斯汀以南兩百五十哩的科帕克利士提的醫院已經排定要幫他兒子開刀，法蘭克行乞就是因為要募集旅費，因為他們夫妻得在附近的旅館住上兩週。

我們聊了一會兒之後，我謝謝法蘭克分享他的故事，也把身上的現金都捐給他。他彬彬有禮地感謝我，也確保我了解他很自豪能服役效忠國家。他問我，「你當過兵嗎？」我說，「沒有，但是我效忠我老婆。」法蘭克開心地笑了，在那一刻，我看到他以前意氣風發的模樣，那笑容足足讓他年輕了十歲。

我們握手道別，法蘭克回到他的崗位，我帶著沉重的心情回到車上。法蘭克經歷那麼多被拒絕經驗和悲慘遭遇，他曾為國家犧牲奉獻，如今站在街上的他是個自豪又奮不顧身的父親，不斷遭到幾百個、幾千個駕駛的冷落。要是他們知道法蘭克的故事，也許會停車。他也許只需要幾小時就能募得需要的款項，不必站上好幾天或好幾週。

休士頓大學的社會研究人員布芮尼・布朗在英國皇家藝術學會演講時，

曾如此描述同情心和同理心的差異：「同理心會令人產生共鳴，同情心卻會產生區別心。同理心是體會人們的感受……如果有人掉進深淵，從底下大喊：『我卡住了，這裡好黑，我不知所措。』我們會往下探，然後往裡爬：『我知道在這裡的心情，你不是孤獨無援。』同情心是〔在上面說〕：『哇，很不好受吧？要吃三明治嗎？』」

我同情許多社會運動和悲慘境遇，然而它們往往離我很遙遠，也不是我所能控制。如今我對行乞求得一家溫飽的乞丐產生同理心，當然，我無法確定法蘭克說的究竟是不是實話。但是我不在乎，因為我知道在街上行乞的感覺有多難受。我很感恩自己在街上募款遭受的被拒絕經驗，因為我因而有機會爬到法蘭克所在的深淵，了解他的處境。

暢銷書《與成功有約》的作者史蒂芬．柯維曾說：「當你對別人有同理心，對方的防禦心就會降低，取而代之的是正面的能量。這時你們才能以更有創意的方法解決問題。」奇異電子公司前執行長傑克．威爾許是世人公推最優秀的企業領袖，他曾說：「如果你具備你所需要的才幹和本領，你的人道精神就會成為公司組織最看重的美德。」只要你找對地方，任何被拒絕經驗都可以激發你的同理心。我們可以任憑被拒絕成為挫折，也可以藉此敞開心胸，更能了解、幫助別人。

找出價值

【被拒絕的一百天：訪問健美小姐】

我先前提過，在進行實驗的期間，我收到許多粉絲來信，有些請求相當古怪。其中有一則來自約翰，他住在加州，是四十九歲的賭場荷官。約翰不斷拜託我找個健美小姐來訪問。

這個要求本身就很不尋常——約翰的堅持更是令人側目。他第一次寄電郵，我立刻認為這個點子不符合我的個性或興趣，也不覺得有任何的困難度。我為什麼害怕請教健美小姐能不能接受訪問？況且我要訪問什麼？我甚至不確定他是不是開玩笑，也沒多加理睬。後來他一次又一次地提出這個要求，甚至寄健美小姐比賽的錄影畫面，希望我相信她們有多美麗。到第二十次，我開始覺得好奇，挑起我興趣的不是他的要求或女性練健美的行為，而是他的固執和理論。因此我回信，詢問他為何強烈希望我答應這個要求。

原來約翰向來迷戀健美小姐，想知道她們為何進入這種男性主宰的世界，又如何看待美貌。他曾經接觸過兩個健美小姐，兩人都不當他是一回事，結果他最崇拜的人反而帶來最大的被拒絕恐懼，最後他只能請我幫忙完成願望。

聽過他的故事之後，我終於了解來龍去脈，卻不知道如何將這類訪談放進被拒絕實驗，也只能客氣地拒絕。

但是約翰依舊不放棄，他鍥而不捨地寫信來。我每次上傳新影片，他都留言鼓勵，最後不忘請我訪問健美小姐，再補充這件事對他多麼意義非凡。

我在前面的章節說過，被拒絕不是無休無止。對約翰而言，那個數字就是四十四。他問我四十四次之後，我終於投降同意。畢竟這件事對他而言別具意義，我也很難拒絕忠實粉絲的要求。

我透過領英網站留言給奧斯汀三位健美小姐，希望有機會訪問她們。其中一個答應了，她的名字是梅蘭妮．達利。她是奧斯汀本地居民，經營一家小巧但相當成功的個人健身房，在全美自然健美比賽中多次奪得金牌。

梅蘭妮在訪談中回答約翰每個問題，有些問題還牽涉到個人隱私。她聊到成為健美小姐的原因，又有什麼動機促使她在這行出人頭地。

她也透露這行不為人知的一面，原來健美人士隨時都得面對自我否定的心情。他們害怕別人的批評，也恐懼自己的苛責。她說，因為他們花費許多心力、時間塑造身材，哪怕是一丁點的不完美都令他們耿耿於懷，對自己非常沒有安全感，常常自暴自棄。

此外，健美小姐時常感受到社會的異樣眼光，世人對女性美的印象通常與壯碩肌肉無關。因為梅蘭妮和同好對美與健康有不同的看法，每天都會面對外界的批評和排擠，交往、戀愛時更明顯。

在這方面，約翰和偶像之間的共同點顯然比他預料的更多。

我因為約翰的毅力而想到：我願意為什麼事情忍受四十次、四百次或四千次的被拒絕？為了爭取低價買車，或是為了事業成功，也許吧。為了婚姻幸福和親友的福祉，那肯定沒問題。我願意忍受的被拒絕數字越大，表示我越看重那件事情。一旦牽扯到愛情、友誼、健康，我知道那個數字就趨近無限大。

不知道自己多想要或多看重某件事情，被拒絕就是你的測量標準。有些成功人士之所以達到目標，都是經過痛徹心肺的焠鍊。因為他們透過被拒絕，發現自己為了實現夢想，願意忍受多大的痛苦。

諧星路易．CK在波士頓長大，從小就立志當喜劇編劇和脫口秀諧星。因為個性揉合了厚臉皮和毅力，無禮和聯想力，粗鄙和洞察力，他才得以成為知名諧星。他才四十多歲，就完成多數喜劇演員終生追求的美夢。

身為脫口秀諧星，路易．CK經常在當紅深夜節目表演，而且巡迴演出的門票經常幾小時內就賣完。一小時的特別節目還做成DVD，賺進千萬美元的利潤，他甚至在HBO有自己的節目。他三十次入圍艾美獎，五度得獎。

因為他才華洋溢，又成功追求到夢想職業，一般人一定以為路易．CK能出人頭地就是天時地利人和；但事實卻有極大出入，他尋夢的路上不斷被拒絕，也就是因為這些挫折，他才知道自己有多想當諧星。

十七歲那年，路易．CK在波士頓夜總會的素人即興表演之夜獻出處女秀，許多後起新秀會乘機上台初試啼聲。這些場合的觀眾都非常嚴苛，常常無情地噓人下台。打算成為脫口秀諧星的人心驚膽跳地上去測試才華，卻很有可能在觀眾冷落下放棄夢想。

路易．CK不了解舞台場景，也沒上過台，花了好幾天準備兩小時自以為精采的題材，可惜觀眾沒有同感。

大概一分半鐘之後，「人們光盯著我看。」他在「霍華．史登電台秀」中提到這段往事。說了一個沒人捧場的笑話之後，他說，「我今天的表演到此結束，」便丟臉地下台。後來整整十分鐘，主持人都拿他開玩笑，「那種感覺好糟，我真想死。」路易．CK說。

後來他又鼓起勇氣嚐試。有個著名的當地諧星請他上台即興表演給更多人看，「爛透了，」他回憶。「我的手抖個不停，心跳激烈，我的腦袋甚至因此上下擺。」想當然爾，這次的經驗更可怕，他再次慘敗。

這幾次送入虎口的經驗可能已經澆熄許多青年的夢想，他們也許認定自己沒有才華，或是他們渴望的事業不如想像中光鮮亮麗。如果依據當今創業圈廣為流傳的「快一點失敗」思維，就算不是所有人，多數人也會認為自己不是當諧星的料。他們可能嘗試另外一條跑道，也許是不必經常拋頭露面的工作。

別人問路易．CK當時為何不放棄，他說：「過了一陣子之後，我心想，欸，我沒死，我對這行依舊有興趣。事發當時的確覺得很難受，可是我又振作起來，而且還想試試看。我捱過最丟臉的階段，我可以應付那種心情。」

他在波士頓夜總會當了八年沒沒無聞的小諧星，只求生活過得去。有時他甚至必須對著空無一人的觀眾席表演，以防有人突然進來卻沒有節目可看。

有一晚，「週六夜現場」——可以改變諧星生涯的夢想舞台——的導播吉姆．唐尼到波士頓尋找編劇新秀，他選了每個去試鏡的諧星，只有路易．CK除外。宇宙彷彿已經清楚明示，但是他依舊不肯放棄。其實這些被拒絕經驗就是測試他的勇氣。即便他遭到如此戲劇化的否定，他依然堅守夢想。就是因為這層領悟，即使先前遭到訕笑，他都有力量追尋夢想。後來因為搞笑節目主持人柯南．奧布萊恩聘請他當編劇，他終於「走運」，往後的故事眾所皆知。然而仔細想想路易．CK的過去，他能大紅大紫並非「走運」，而是長時間忍受挫折的成果。

多數人孩提時期都懷抱著遠大夢想，可能是成為美國總統、當個火箭科學家，或是表演脫口秀維生。年紀漸長的我們反省之後，發現自己不夠有熱情、衝勁或才華，不該繼續追夢。又或者被拒絕幾次之後，我們發現世人不欣賞自己的努力。因此我們改變跑道，往往在其他行業發光發熱，這又是經濟學作家史蒂文・李維特和史蒂芬・杜伯納所謂的「半途而廢的好處」。

然而有人就是不肯半途而廢，即便世人起初、甚至後來不斷拒絕他們。他們之所以能達到兒時夢想，就是因為在一連串的被拒絕經驗當中發現自己多麼看重這個夢想。

俄國文豪杜思妥也夫斯基曾說，「我只擔心一件事，我怕配不上我所受的苦難。」同樣的道理也適用於被拒絕。你的夢想比被拒絕重要嗎？如果是，也許你該繼續堅持，不要放棄。

找到使命

多數時候談到被拒絕，說的是一個人或一群人拒絕另一個人或另一群人。然而人生際遇有時深奧難解，甚至影響一生，人們覺得遭到命運或上帝的放棄。如果某人的世界天翻地覆——或是像史卡提．史邁利少校一樣，從此伸手不見五指，他或她又該如何找到人生變化背後的意義呢？

我在杜克商學院的同學中有許多人都很聰明、充滿創意，有人成為成功的高階主管或企業鉅子。然而你問我哪位同學最令我印象深刻，或帶來最大的震撼，絕對是史卡提．史邁利。

史邁利曾是在伊拉克服役的美國陸軍中尉。二〇〇五年四月六日，他的單位發現有一名男子單獨駕駛可疑車輛往基地開。史邁利離車輛最近，他開一槍警示，駕駛依舊沒停車。這下史邁利中尉得權衡抉擇，他可以瞄準駕駛，用一顆子彈阻止那部車，或是再開槍警告，放過駕駛一命。他做了致命決定，選了後者。史邁利記得駕駛轉頭看他，一秒後就引爆自殺炸彈。史邁利比任何人都接近那部車，也努力阻止車子接近部隊，所以炸彈沒傷到任何人，只有史邁利除外。

接著史邁利的記憶就直接跳到醫院病榻。炸彈碎片穿透他的左眼，打進腦子，醫生說他再也看不到了。

史邁利在開學典禮時說起這個故事，「有句俗語說人們最怕的事情就是失明，」他說。「我當天就碰上。」

因為他是虔誠教徒，史邁利認為自己遭到上帝遺棄。上帝為什麼奪走他的視力，讓他永遠留在漆黑的世界？他一蹶不振，「在我看來，我的人生已經完蛋，」他在福斯新聞頻道的訪談中提到這段經歷。「任何人都難以面對。否認、憤怒、怨恨、恐懼……我都不知道該作何感想。」

此外，軍旅生活是史邁利的人生和事業，他也害怕軍隊要他走路；經歷這種重傷的所有案例都是提早退役。

但是史邁利不肯接受這種命運，他要繼續過日子，還要過得多采多姿——而且要繼續留在軍中。他告訴我們這班：「我不想成為丹·泰勒中尉」——那是《阿甘正傳》裡的虛構人物，在越戰斷腿之後便自暴自棄。

史邁利在軍隊做出無可避免的抉擇之前就先聲奪人。他不肯退役，希望能留在軍中幫助、啟發其他傷兵。陸軍同意了，史邁利成為陸軍第一個失明的現役軍官。

同時他也攀登雷尼爾山[9]、在科羅拉多州滑雪、到夏威夷衝浪、跳傘、完成鐵人三項。他獲頒紫心和銅星勳章，二〇〇八年還得到「年度卓越運動獎」[10]的最佳戶外運動員獎。史邁利拿到杜克大學商學院碩士之後，轉往西點軍校開課教導領袖風範，後來在西點醫學中心的戰士轉渡單位當上指揮官。他最近獲頒陸軍的「麥克阿瑟將軍領袖獎」，也升為少校，還出版《看不見的希望》，敘述他的故事。

史邁利的信仰再也沒動搖過。他認為自己有使命，要用自身經歷啟發軍隊同袍、運動員、信徒和芸芸大眾，改變他們對「被拒絕」、「絕路」的看法，繼而從逆境當中找到力量、鬥志和人生使命。

直至今日，史卡提．史邁利的故事對我依舊有莫大啟發。我進商學院第一年都和他坐在同一個教室，他不用專為盲人設計的特殊軟體聽取作業和上課素材，反而向同學一樣親自聽課。我記得某一天下課後，我扶他走到學校建物前方，因為家人和他約在那裡碰面。我看著他擁抱美麗的妻子蒂芬妮，抱起小兒子親吻，然後對我揮手道別。

以往我對殘障人士總是流露同情心，但是那一刻，我發現自己無法為史邁利感到遺憾。我心裡默想，**老天爺，好了不起的人！能認識他真是我的榮幸！**

失明是悲劇。許多人因此身陷悲劇，無法振作，史邁利卻決定用自己的方法走出另一片天。他從這次的命運打擊找到人生新使命，將悲劇寫成充滿意義、喜樂的故事。一切都歸功於他自己的選擇。

我因此聯想到維克多．弗蘭克醫生更駭人卻同樣深奧的故事。多年前，我曾讀過弗蘭克的《活出意義來》，書中的訊息從此深植我心。文中描述到他被關進納粹集中營，舉凡安逸的生活、安全感，到人類尊嚴和正義公理，他和獄友都被一一剝奪。虐待狂警衛興致一來，就能決定他們的生死。然而在這段經歷中，弗蘭克依舊找到人人都覺得不可能的事物，就是生命的意義。即使再痛苦、再不自由，弗蘭克依然活出意義，就是強化自己的意志力、照顧其他獄友。活出意義不止讓他懷抱希望，不要尋死，他也有自由選擇的餘地，可以決定用什麼態度對待這些煎熬。

也許我們無法左右人生境遇，但是無論任何處境，我們都有自由抉擇的

9. Mount Rainier，位於華盛頓州的國家公園內。
10. ESPY Award，由美國知名體育媒體 ESPN 舉辦的獎，全名是 Excellence in Sports Performance Yearly Award。

餘地，甚至可以在被拒絕時，找到意義，也許是因此學到同理心、找出價值或人生新使命。

經驗傳承

一、**學習同理心**：許多人都曾經被拒絕。你可以利用被拒絕和挫折打擊學習同理心，更加了解其他人。

二、**找到價值**：不斷被拒絕可以當成丈量決心和信念的標準，有些表面輝煌風光的故事，都經過痛徹心肺的被拒絕焠鍊。

三、**找到使命**：有時人生最殘酷的被拒絕挫折反而象徵著新開始、新使命。

CHAPTER 11

找到自由

據說沒有人比亞歷山大帝統治馬其頓時，成就更多世俗的榮耀。攻無不克的亞歷山大打下的江山從東歐，延伸到北非、南亞。所到之處，外邦人無不聞風喪膽，只有一人除外。

有一天，亞歷山大帶軍橫渡印度河進入印度，途中碰到一名男子。他赤身裸體，在林子裡打坐望著天空，後世稱那名男子為「裸體的智者」。亞歷山大問他這是做什麼，對方回答：「我正在體驗空無。你呢？」亞歷山大回答：「我正在征服世界。」然後兩人因為彼此的愚蠢而哈哈大笑。[11]

亞歷山大和修行者都不了解對方，因為他們活在不同的世界。亞歷山大接受的教育是亞里斯多德的線性希臘哲學，崇尚在世時要功成名就，因此認

11. 作者在此註解故事出處是神話學家戴都特・帕坦納（Devdutt Pattanaik）二〇〇九年十一月在印度TED大會的演講。

為修行者無所事事地坐著，根本是浪費時間。相反地，智者奉行禁慾主義，認為人生的真正意義就是戒除世俗享受。他才認為亞歷山大征服世界是蹉跎光陰，因為長遠看來，這種事情對智者而言毫無意義。

其實亞歷山大帝和印度修行者都是打天下。亞歷山大征服的是人類所生活的集體、客觀世界，智者則專攻只有他一人獨享的個人、主觀世界。自古以來，人類就致力於探索、控制這兩個世界。事實上，內在與外在相交時，正能激發出某些雋永的哲學、宗教、藝術大躍進。

當初我展開被拒絕實驗的目標相當直接，就是克服被拒絕恐懼，以後拓展業務便能更大膽地冒險患難。換句話說，我是著重於外在世界，希望能更擅長處理被拒絕問題。結果最大的驚喜，竟然是克服被拒絕之後就能改善我的內心世界，改變我看待世界和審視自己的態度。我覺得自在、平靜。在我有能力擺脫心理、精神上的桎梏之前，我都不知道自己有多麼畫地自限。

自在提問

【被拒絕的一百天：開飛機】

被拒絕實驗快結束時，我幾乎是凡是開口，對方必同意。我請街上的陌生人和我玩剪刀石頭布蜥蜴史巴克——這是剪刀石頭布的變化版[12]——他立刻答應。隔天，我前往速食連鎖店「Sonic」[13]，那裡的員工都會穿輪鞋端食物給車上的顧客。我問對方能不能借雙輪鞋給我玩，他們請我簽署棄權書，然後我就如願了。後來我看到建築工人正在操作高空作業車，把招牌掛到大樓外面。我問他們能否讓我試坐，他們讓我站在升降籃斗內，再離地五十呎，還移動位置，提高刺激度。

我進行這些實驗時都玩得很樂，但是大家都答應也頗讓我沮喪。我不確定是因為自己太擅長提問，以致別人難以拒絕我，還是因為這些要求本身就

12. 發明遊戲的人認為剪刀石頭布和局的機率太大，因此加了蜥蜴和「星際爭霸戰」中的史巴克，手勢就是瓦肯人的舉手禮。
13. 一九五〇年代發源於美國阿拉巴馬州，餐廳裡面鮮少桌子，多以外帶為主。

太簡單。這麼說也許很怪，我希望被拒絕更多次，才能在這次的學習過程中取得更大的平衡，最後我想出一個絕對不會有人同意的要求。

「被拒絕的一百天」的第九十二號實驗就是前往附近的機場，我問飛行員戴斯蒙能不能讓我開飛機。我沒有駕照，沒有經驗，老實說，也沒勇氣上陣。開口問只是為了被拒絕。

戴斯蒙卻同意了。

原來他有一架旋翼機——無罩蓋的小型旋翼飛機，外型頗類似縮小版的直昇機，可以輕鬆起飛。對我而言，與其說是飛機，它更像摩托車。

其實戴斯蒙非常熱中旋翼機，巴不得告訴所有人這種飛機有多棒，我心中的瘋狂要求正是戴斯蒙分享嗜好的好機會。

為了確保我不會墜機一頭撞死，他陪我，教我如何飛行。這種飛行器完全不同於我習慣搭乘的商用噴射機，也是因為這個原因，我才能學到真正的飛行，體會當年萊特兄弟和早期飛行員翱翔天際的心情。

以前想到飛行，就想到垂頭喪氣地排隊等待；想到得抽掉腰帶、脫掉鞋子，還得拉好褲子免得曝光；想到穿過人體掃瞄機，納悶著以後會不會因此得癌症；想到班機延遲只能坐在骯髒地毯上等手機充電；想到搶機上的置物櫃空間；想到一坐好就得和隔壁乘客搶奪放手肘的扶手；想到從小窗戶看一眼外面的天空。

開旋翼機時，我只覺得自己像隻小鳥。難怪戴斯蒙這麼喜歡！他教我如何轉彎、滑翔，如何飛得更高。我們轉了三百六十度，做俯衝和急轉。前一分鐘我離玉米田只有兩呎，就像海鷗掠過海面。下一分鐘，我則化身老鷹，飛在一千呎的高空。

那是我這輩子最棒的飛行經驗。

降落之後，我心裡只有一個念頭：**如果我從沒問過戴斯蒙能不能開他的飛機呢？我就會錯失這麼寶貴的經驗，甚至根本不知道旋翼機的存在。**

事後回顧「被拒絕的一百天」的計畫，如果我沒問，便無法增加這麼多有趣的體驗，無論這些事情有多傻，或多麼別具意義：吃到奧運五環甜甜圈，脫口秀主持人在全國聯播的節目上唱歌給我兒子聽、學習接待顧客和行乞、當一天的教授和辦公室經理、參觀消防站和飯店、下午買到鬆餅漢堡、在華盛頓特區揪人進入推廣微笑團隊，或是深入了解健美小姐工作。如果不是我特地挑出來問，我不可能得到這些美妙回憶，也不會有這些體驗，一切都要歸功於我開口問了。

是的，我學會以更優雅、更科學的方式提問，也知道如何避免被拒絕。是的，有人回絕我。每個踏上被拒絕之旅的人多少都會遭到拒絕，但是如果連問都不問，我們等於無故缺席，最後也許錯失良機。埃森哲顧問公司在二〇一一年所做的報告指出，曾經要求加薪的美國上班族不到五成（女性是百分之四十四，男性是百分之四十八）。然而統計數字證明，提出要求的人有百分之八十五都如願以償。

我兒子布萊恩現在一歲半，向我討東西從來不猶豫。他的手指就像魔杖，要什麼就往那兒比。雖然我可能拒絕他，但他始終勇往直問。我相信，我們大家都曾經這麼坦率。

但是隨著我們長大，「學聰明」，我們知道不能隨心所欲，有時提出要求之前要審慎斟酌。當然，老向朋友開口借一百美元不是好主意，你很快就會沒有朋友。但是我們猶豫遲疑之後，只因為害怕被拒絕就忍住不問。我們不再提出要求，以致於擱置夢想、志向或戀情。我們變得怯懦、謹慎，開始告訴自己不該勞煩別人，反正最後也會遭到回絕，或是「時機恰當」再問，結果永遠等不到「恰當的時機」。我們自欺欺人，就只為了一個理由：不想被拒絕。

「被拒絕的一百天」計畫幫助我摒除恐懼，讓我回到初生之犢不畏虎的心態，也就是我兒子布萊恩現在的階段。我想要什麼或需要什麼，我都敢開口，也不會害怕被拒絕、招致異樣眼光或責難。我知道，只要肯跨出第一步，就有可能發生美妙的事情。那些可能性帶來的期待心情，足以遮蔽我對被拒絕的恐懼。就某種層面而言，我再也不怕任何人，而且以前從未有過這種心情。

坦率接受自己

當我們什麼都不怕時，這種態度也會影響你個人的人際關係。記得我的叔叔嗎？就是對我的輪鞋、跑鞋兩用點子嗤之以鼻，導致我在大學時期就放棄創業夢想的人？我不見得永遠贊成他的看法，但是我知道他愛我、關心我，視我如己出。他向來為我著想，希望我生活優渥，也希望我實現夢想。

然而他對我該如何達成目標有不同的看法，其實我們的差異多半是因為來自不同的年代。

叔叔出生於中國的戰後嬰兒潮，後來幾乎是身無分文地移民到美國。他努力工作，一步一步達成目標，最後終於完成夢想，上法學院，建立成功的法務生涯。對他而言，成為律師就像是實現美國夢，也讓他生活無虞。他到今天都相信，年輕人應該以經濟獨立為第一目標。

我則懷抱千禧精神，從小就不以致富為目標。我的志向是成為第二個比爾．蓋茲，兩者有明顯差異。比爾．蓋茲當然很富裕，但是他也改變世界，有助於推動電腦革命，資訊科技才能廣為普及。他之所以吸引我，是因為他改寫歷史、促進人類福祉。所以我才夢想成為創業家，不想在企業裡當個螺絲釘，無論那份工作的薪水有多優渥。

這十年來，我認定我們叔姪之間的差異，可能就是叔叔拒絕我設計兩用鞋子的原因。他認為創業、新創公司都是不切實際，我應該在公司裡腳踏實地往上爬，或是攻讀專業證照賺大錢。

然而他拒絕我真是因為和我有代溝嗎？經過「被拒絕的一百天」的實

驗，我知道不該任意揣測他人的想法和動機（別忘了那位美髮師！）。叔叔否定我的點子已經是十多年前，我卻從沒問過他當時的想法。我猜，他大概認為我只是做白日夢。

因此我打給他。相信我，撥這通電話並不容易。事實上，我覺得很彆扭。但是我告訴自己，如果我可以讓整個音樂廳的觀眾聽我演講，當然也有能力問叔叔當年為何不喜歡我的點子。我鼓起勇氣，運用被拒絕療法所學到的沉著心情，就只為了撥通他的電話。

我聽得出他被問得有點意外，「呃，」他稍微停頓之後回答，「我不喜歡那個點子，因為我覺得不會成功。」

「慢著……等等，」我說。「不是因為你認為創業不切實際又愚蠢？」

「不是，」他斬釘截鐵地回答。「我向來欣賞你勇於做夢，有時的確很不實際，但是你有勇氣，這點才重要。只是就我看來，那個點子不會有市場。」

聽到這句話，我覺得如釋重負，也覺得自己很傻。我一直以為叔叔回絕是原則問題，以為他認為我只會發夢，不是經營成功新創公司的人才。多年來，我都背負著這些恐懼。結果我錯了，他否定我是因為他不看好我的點子，如果是他喜歡或能產生共鳴的產品，可能已經開心贊成。

當時我真希望自己青年時期就展開「被拒絕的一百天」的計畫，而不是等到成年才想到。如果大學有「被拒絕訓練課程」或是「被拒絕哲學入門」，我就不會產生誤會，還深受影響。也許我的人生就走上另一條道路，也許羅傑·亞當斯沒機會發明暴走鞋，因為我會成為第一個發想人。

如果當初有現在的認知，我面對這次被拒絕的態度便大不相同。事實上，我還列出我從被拒絕學到的最重要經驗，以後才不會重拾壞習慣。

被拒絕攸關人性：拒絕或接受都不是點子或產品好壞的客觀事實，就我的例子而言，我以為叔叔的話就是真理，因此太早放棄。

被拒絕只是個人意見：比起被拒絕的人，這個決定更能反映拒絕者。我叔叔認為我有許多好點子，只是這一個沒有市場。身為律師，他並不了解消費產品，也不了解這種產品的潛在消費者，他的意見恐怕與事實相差甚遠。就算他是賈伯斯那類的天才，還是有可能出錯，賈伯斯本人就曾經多次犯錯。

被拒絕不是無休無止：我大可以問更多人，而不是只問叔叔。從暴走鞋的成功判斷，我很有可能問到非常欣賞這個點子的人，他可能就會鼓勵我，我也因此可以繼續追求夢想。

道別之前先問原因：如果當年我就釐清原因，而不是多年後才追問，誰曉得會有什麼發展？我卻任憑痛苦的心情主宰，兀自縮回自己的殼裡，直到這次才問清楚真正的理由。

撤退，不要逃跑：我可以先撤退，下次再用其他方法提案，例如在鞋子裡加上真正的輪子，問問他有何看法。結果我瘋狂逃開，就像大軍潰敗之後的膽小士兵。

同心協力，不要競爭為敵：我大可請叔叔想像他或他的孩子可能如何使用我的產品，將他轉為合夥人。請他想像產品的實際用法，他可能就知道這個點子有搞頭。

切換，不要放棄：我的目標是成為創業家，不是只想靠一個點子發財。我大可「切換」，也就是再提出另一個設計，而不是就此放棄。

激發鬥志：我可以利用這次被拒絕激發鬥志，繼續追求夢想，展現我足以勝任。我知道他很愛護我，絕對樂意看到我拿出成績證明他看走眼。

改善自我：我可以利用他的否定當成改善依據，繼續改良藍圖，做出更好、更實用的模型，再拿去請教他的意見。

是否有價值：我大可得到結論，認定叔叔的否定正代表我的點子不尋常又有創意。

鍛鍊心志：最後，我可以利用他的否定強化信心，而不是意志消沉。家人的否定正好讓我有所準備，面對日後顧客和金主的拒絕。我大可告訴自己：**如果叔叔說不好，我都沒放棄，又何必在乎別人的意見？**

最重要的是，我當時就會知道那次被拒絕根本不足為懼。

當初提出兩用輪鞋點子，我卻選了下下之策，任憑一次被拒絕打擊阻止我繼續追夢，就因為我敬愛的人認為輪鞋沒有市場。

但是我一開始何必問叔叔呢？因為當時舉凡大小事情，大至生涯規畫，小至晚餐內容，我都希望得到接受、認可和批准。「好」、「去吧」、「我贊成」和「好主意」的聲音就像毒品，儘管我可能自己就能決定。

我進行被拒絕實驗期間收到的上千封電郵都告訴我，不只我有尋求認可的問題，這個現象非常普遍。也許我們孩提時期就養成這種習慣，因為遵守父母的旨意可以帶來讚美，不聽話只會招致喝斥和否定。也可能是因為我們希望在學校或職場，可以得到別人的喜歡和接納。這也可能是先天傾向，我們渴求認同、害怕被拒絕只是遠祖傳承的基因。無論如何，希望博取認同導致我們扭曲自己。我們覺得必須裝得開心、能幹、世故、節操清高，才能得到別人的肯定。因為我們裝出另一個樣貌取悅別人，經年累月下來，我們已經不是當初的自己。我們失去童心，捨棄當總統、火箭科學家、藝術家、音樂家或下一個比爾．蓋茲的志向。

到頭來，我們最需要的不是他人的認同，而是自己的讚許。事實上，應該先接受原本的自己，再尋求他人的認可，而不是顛倒前後順序。我們都該知道，自己已經夠好，足以對自己說聲「讚」。

經驗傳承

一、**自在提問**：我們往往剝奪自己提問的自由，只因為害怕被拒絕和遭人非議。但是除非跨出第一步，否則看不到往後的精彩發展。

二、坦率接受自己：因為內心需要得到肯定，我們轉而向他人尋找。其實我們最需要得到自己的肯定。

CHAPTER 12

找到力量

在我進行「被拒絕的一百天」的期間，找到自由，不再害怕被拒絕是一大收穫。然而我不能因此心滿意足，必須拿出行動。畢竟我的夢想是創業，不是成為哲學家，也不是成為心靈成長大師。而且我不僅想當普通的創業者，還希望能或多或少促進人類福祉，因此我學到的原則有助我實現世俗目標，也頗令我開心。

被拒絕的一百天——當個最差勁的業務

南西南大會[14]是結合音樂、電影、互動媒體科技的盛典，每年在奧斯汀舉辦，為期超過一週。上千名科技新創公司齊聚一堂介紹他們的網站、發明

14. South by Southwest Conference，創於一九八七年，又譯為「西南偏南大會」。由專門規劃、舉辦活動的南西南公司負責執行。

或應用軟體。每個人都拿出最好的推銷技巧，展現出他們的熱誠、三寸不爛之舌，還會奉上各式各樣的小禮物。

如果我去當個最差勁的業務員，又會有什麼結果呢？我可以拿出十足的自信，卻不打算說服別人購買我兜售的產品。這種不了解產品，又不強迫推銷的業務員，別人看在眼裡有何感想呢？

我在奧斯汀會議中心附近亂逛，看到兩個大學生模樣的女性坐在房間一角，抱著一疊小冊子，一臉厭倦、躊躇。她們垂頭喪氣的模樣顯示她們可能對推銷的產品沒有信心，或是毫無興趣。對方告訴我，她們是德州大學的學生，打工幫某家新創公司發宣傳手冊、解釋該公司的技術、邀請別人登入註冊。當我問到有沒有多餘的小冊子可以讓我幫忙發送，兩人雙眼為之一亮，開心接受我的提議。

我拿著一疊小冊子開始進行「糟糕業務員」實驗。我隨機挑選陌生人，他們不是正等著參加下一場活動，就是逛到累了。我每次攀談的第一句都是，「我可以向你推銷嗎？」然後我解釋我剛從其他宣傳人員手中拿到小冊子，完全不了解產品，也不知道這個產品有多好。我也說我不在乎他們是否拿小冊子，或登入該公司網站。然而我確保自己信心十足、打直腰桿、直視對方，並露出燦爛微笑。我友善，神情自若，也不咄咄逼人。

人們的反應各不相同。一個人大笑，沒拿手冊。一個女人對我說「最好是」，可能只想打發我。有人問我如何使用，因為我不了解產品，只能和他一起摸索。有位小姐本人是創業者，也推出類似的技術，還說兩家產品幾乎如出一轍。她立刻上那家公司網站比較，絞盡腦汁想打敗對方。不可思議的是有名女子接過我的小冊子，說她剛好要找這類技術。她在筆記型電腦打入網址，迅速瀏覽網站，興奮地說「正合我意！」彷彿餓了好幾天，剛從我的手中接下熱披薩。

我向十人遞出小冊子，五人收下，兩人在我面前登入網站，其他三人拒絕。

這個實驗有兩點讓我覺得很有意思。

第一，這次體驗的推銷手法是我自己前所未見。以前我以為推銷完全仰賴說服技巧，我的溝通技巧會大幅影響對方答應或拒絕。結果我試著當史上最糟糕的業務員，根本不懂產品，也不在乎是否推銷成功。有人匆匆離開，有人因為需要或好奇而研究起來。再次證明，得到認可或被拒絕主要得看對方的狀況。

這次實驗也改變了我對行銷和業務的看法。這麼看來，業務員自以為推銷成功全靠他們的手腕——而不是消費者與產品之間的相容性——根本毫無道理。因此推銷被拒絕其實是好事，可以刪除不需要這項服務的人。有句話說能幹的業務可以推銷冰塊給愛斯基摩人，那何不乾脆去熱帶賣給快熱死的人呢？就算非賣給愛斯基摩人不可，也可以鎖定到賭城度假的愛斯基摩人啊，他們一定比住在加拿大或阿拉斯加的同胞更需要。

第二點觀察則是關於我自己。因為我不在乎結果，沒有說服別人或取悅別人的壓力，便能百分之誠實，也能暢所欲言。我充滿自信，更重要的是，我樂在其中。我甚至認為有些人是感染到我的精神，才有所回應。

我接觸的人當天可能已經碰過許多促銷人員，每個人都口沫橫飛，或是裝熟聊天。我開宗明義就說我要推銷，我沒兜圈子，直接打開天窗說亮話。這種坦蕩蕩的推銷方法對我而言頗新鮮，當天我接觸的人應該有同感。在部落格看到這段影片的格友也覺得耳目一新：

「我可以向你推銷嗎？」這句話令我今天大樂。非常誠實，好極了。

——The Reinmira

這可能是全新的行銷技巧喔 :D

——Irrational Action

當然，我不是發現新技巧的推銷大師。但是我相信，與其悶頭學習推銷技術面，如果先克服恐懼、樂在其中，那麼凡事就輕鬆多了，運用其他推銷技巧也更容易。

放下結果

佛教、印度教等許多宗教、哲學都主張「放下」的概念——無論發生過或沒發生，都別把這些事情放在心上。行動瑜珈[15]的經典《博伽梵歌》[16]中提到，「履行職責，放下執著，才能達到至上圓滿。」[17]老子則在《道德經》

15. Karma Yoga，也有業瑜珈之名。通過積極入世的實際行動達到功德圓滿，印度聖雄甘地就是奉行者。
16. Bhagavad Gita，字面意思是「世尊之歌」，學者認為完成於西元前五到前二世紀之間。

中說：「功遂身退，天之道也。」《心靈雞湯》系列叢書作者傑克．坎菲爾在《成功黃金法則》裡督促讀者：「熱血過生活，但是不要看太重。」

我們不見得要放下熱情或點子，但是不要太在乎結果和被拒絕的機率。然而放下結果並非多數人的長處或主張。在多數社會和公司企業當中，得到結果——尤其是短期或立時看到成效——通常是人們在意和評判自己的標準。業務人員與同事較量，以銷售數字評估自己是否成功，新一季的營業額則是執行長的成績單。科學家是否出色，則根據他們出版的報告而定。領英網站研究使用者在檔案中最常使用的字眼，「注重成果」非常受歡迎，因為他們相信雇主最看重這一點，往往也沒錯。

我發現，只「注重成果」相當短視近利。長遠看來，可能揠苗助長，因為我們沒有心理準備接受有幫助的建言。在進行被拒絕實驗的期間，我開始清楚分辨可控制和不可控制的變因。起初，我擔心不可控制的變因，例如人們的反應、對我的看法。我因而緊張，散發負面能量。後來，我全力專注於可控制的變因，例如直視對方，詢問原因，傾聽對方，被拒絕之後也不立刻逃竄，我變得更有效率、更有自信。我越來越不怕接近陌生人，勇於嘗試新鮮事。

約翰・伍登帶領加州大學洛杉磯分校在十一年內十度拿下全美大學生體育協會（ＮＣＡＡ）冠軍賽，這位傳奇教練從不在隊員面前提輸贏。然而最了解如何贏球的人就是他，但是他對球員優秀與否的認定是看他們的努力，而非結果；他觀察他們是否盡力練習、拿出最佳表現，而不是有沒有打敗對手。這也是我從被拒絕實驗學到的教訓：拿出最佳表現，不要擔心結果——即使風險似乎高到不可思議。

被拒絕的一百天——從訪問歐巴馬到谷歌總動員

被拒絕實驗快到尾聲時，我覺得似乎有必要製造高潮。許多人問我第一百個實驗要設計什麼內容，「不知道，」我回答。「和歐普拉一起殺時間？」我真的沒概念。當時我已經無所畏懼，因為我不在乎結果，我隨時願意向任何人提出要求。然而我仍舊希望第一百次有特別的意義。

17. 作者的原文是：by working without attachment one attains the Supreme.

因此我列出許多清單，以下是其中一張：

我可以問歐普拉能不能和我聊聊，或是想辦法上當紅脫口秀如「艾倫愛說笑」。

我可以訪問歐巴馬總統，或是要求和他一起打籃球。

我可以想辦法和搖滾巨星一起打發時間。

我可以要求三K黨改變信念，反過來支持種族多元化。

我可以請求威斯特布路浸信會[18]的教徒讚美別人或這個世界。

後來我把這份清單傳上網，請網友投票；多數人都選擇訪問西方世界最著名的男人歐巴馬。

因此我擬定作戰計畫。我想在社交媒體引起廣泛討論，先讓歐巴馬知道有我這號人物。就用推特，或上傳影片到 YouTube 製造瘋傳旋風，然後發起請願，請網友聯名簽署。

最後，上述事項我一件也沒做。因為和名人相處對我沒有意義，我已經上過全國聯播節目，見過我最欣賞的作家和崇拜的企業人物。況且，我也不想大費周章，最後只成為一場花俏的公關活動。網友敦促我要「搞大」，但是我必須自制，不要一味只想自己迎合他們。

因此我很快就結束歐巴馬計畫，展開另一個實驗。我希望第一百次實驗可以解決真實世界發生的問題，一般人每天都會碰到的問題，而且這個實驗還能實際改變別人的一生。

我希望這個人是我的妻子。自從我辭職轉而創業，崔西就是我的基石。沒有她，我可能在開部落格之前就陣亡。事實上，沒有她的支持，我甚至不會創業。每晚就寢前，我都感謝上帝賜給我一位賢妻。

而且我知道她在職場上也有自己的志向。運用我的「被拒絕也無妨」的技巧幫助她實現夢想，如同她協助我，正好可以為這一百天劃下完美句點。

某晚，我問她：「如果妳可以去任何一家公司上班，妳會選哪一家？」

她不假思索，「谷歌！」

幫助崔西進入谷歌？我的確可以大展身手也愛死這個點子，因為：

18. Westboro Baptist Church，美國仇視同性戀的基督教教派，也曾公開抗議女神卡卡。是無神派最喜歡攻擊的團體之一。

第一，進谷歌非常困難。公司建築猶如主題遊樂園，員工可以免費享用美食、按摩，公司裡有排球場和其他傳說中的好康，谷歌竭力為員工打造出優質工作環境，《財星》雜誌還將谷歌選為最想進入的美國公司。就是因為這麼搶手，每年有幾百萬人應徵，只有少數人能獲選。事實上谷歌的錄取率低於百分之零點五，哈佛都比它高十倍。要進這家公司，崔西大概得擊敗另外兩百個競爭者。

第二，大概鮮少有比找工作更能令人聯想到被拒絕的事情。如果我能運用這些日子學會的原則幫助崔西進入谷歌，那就是終極的被拒絕實驗了。

第三，崔西非常想進這家公司。雖然她考績極優，同事也很敬重她，但是她服務的那行相當不景氣。許多同事已經遭到遣散，其中包括她的上司和許多好友。在這麼辛苦的環境下工作，很難保持鬥志高昂。畢竟誰也不曉得接下來的發展，崔西必須換個工作。

所以我決定，助她一臂之力就是我最後一項實驗。我會盡我所能指導她，引領她進入谷歌。我們把這個實驗命名為「谷歌總動員」，名字的靈感來源就是皮克斯的動畫「海底總動員」。

其實這個提議相當嚇人，因為進入谷歌就像創立公司，不能用半調子的態度。為了徹底執行計畫，崔西必須扛起這個風險。我們商量之後認為她應該辭職，全心全意尋找新工作。這個過程可能曠日費時，有風險，但也很有意思。無論在經濟或心理方面，我們給自己半年的時間進谷歌——當初她也給我同樣的時間創立公司。

找工作是大工程，充滿高、低潮，被拒絕也是時有所聞。所以我們先列出她可以控制的因素，包括建立人脈、潤飾履歷、應徵工作、準備面試。接著又列出她無法控制的變因，例如收到回覆的電郵、接到面試通知、迎合對方的喜好、找到工作。我們立誓遵守這些原則，只求盡力，放下結果。

崔西每天都致力於可控制的事項。她向谷歌前員工或現任員工寄出請求，希望有機會電話洽談。這些人可能是她的同學、前同事，也可能是素昧平生的陌生人。她始終直接表明來意，直接請他們幫忙在谷歌找工作。就像我，她很快就發現，只要坦白、願意開口問，人們其實很友善、熱心。她請教的人幾乎有一半同意和她通電話。

崔西確保自己在電話中表現出真實自我，而不是裝模作樣，希望討人喜歡。有些人喜歡她，也表示他們樂於幫忙，有些人則不欣賞。如果通電話不順利，或是沒收到回覆電郵，崔西也努力不受影響。她專注於眼前第一要務，就是表現真我。

她很快就接到谷歌人事部的面試通知，多半都是因為和她談過的人幫忙介紹。首先由人事主管電話面談，再來則是相關單位的經理，然後是該單位的同仁。崔西用功準備面試，我們再三練習如何保持冷靜、拿出最佳表現。但是她依舊不成功，一個月內有三個工作拒絕崔西，每個都各有理由。谷歌不會對淘汰的人說明原因，崔西深信，一定有人不滿意她對某幾題的回答。另一個職位之所以落選，則是她認定對方覺得她沒有相關工作經驗。

被拒絕很傷感情，起初我認為自己的主要任務就是確定崔西不會受到負面影響。我勸她尋找每次被拒絕的光明面，「不要浪費任何一次的被拒絕。」我告訴她。她大可將對方的回絕當成回饋，當成學習工具，用來激發鬥志、保持熱誠。

崔西很快就掌握訣竅，自己也成為被拒絕專家。後來二度、三度遭到拒絕，我比崔西還沮喪，還是她幫我打氣、加油。事實上，我很捨不得她，有些理由真是氣壞我也。她沒準確回答問題是什麼意思？如果她沒有相關經驗，他們何必面試她？

「冷靜點，」崔西溫柔地說，語調就像她哄我們兒子布萊恩入睡。「被拒絕只是個人意見，記得嗎？反映的是他們，不是我，對不對？」我同意。哇，我心想，**到底誰才是教練啊**？

最後，又有第四次面試。這次的職務說明與她的經驗完全吻合，而且電話面談也非常順利，最後，谷歌請她飛到加州山景城總部面試。她在那裡見到許多員工，每個人各自準備問題，通盤了解她所有經驗和技能。她回來時已經筋疲力竭，卻說她不知道自己表現是否優異，因為她從面試官身上看不出任何頭緒，他們沒透露任何線索。

我問她，「妳有準時嗎？」她說有。

「妳盡力回答每個問題？」她又說對。

「那就沒什麼好擔心了，」我向她保證。「所有妳能控制的事情，妳都表現傑出，這就夠了！」

一週後，崔西收到人事主管的電郵。我們一起點開，內容鋪陳和結構都那麼熟悉。「謝謝妳來面試，可惜本公司另有……」

又被拒絕了。

「至少這次很快，」崔西勉強擠出笑容。此時她已經寄出幾百封要求通電話的請求，講過無數次電話，進行過四次正式面試。她致力於所有她可以控制的變因，也放下所有無可控制的變因。但是到目前為止，這些不可控制的外力都以拒絕收尾。

我努力隱藏自己的失望。「我們休息一下吧，」我建議。「妳為這件事情太操煩了，我們也需要休閒娛樂，要不斷慶祝被拒絕的到來。」當天晚上，我們就出去約會，那是崔西辭職以來第一次。我們不斷舉杯敬被拒絕，然而我內心深處很難受，因為我希望崔西能實現夢想。當事不關己，卻攸關你深愛的人，很難抵抗被拒絕的低潮。

兩天後，崔西和我前往圖書館，她要繼續找工作。途中，我到「星巴克」幫她買咖啡。走回車上時，我看到她正在通電話，那微笑之燦爛，可以融化世上所有冰霜。我開車門時，她剛好掛斷電話。

她看著我，笑容更甜美了，而且眼裡噙著淚水。「谷歌改變心意，他們決定用我了！」

我不記得後來說了什麼，只記得我抱著她久久不放。我記得我多麼以她為榮，也記得欣喜的淚水滑落臉頰。

被拒絕的確只是個人意見，而且無足輕重到有可能改變。被拒絕不是無休無止，就崔西而言是四次，雖然對我們來說，彷彿是四百次。

後來我有機會和決定雇用崔西的谷歌人事主管相談，他先是糾正我錯估競爭對手人數。事實上，應徵相同職位的人有好幾千個，不是只有幾百個。但是崔西令他印象深刻，「崔西在前一份工作表現優異，卻又很務實、謙虛，」他解釋。「她也詢問我的建議，非常信任我。這對我身為人事主管而言，別有意義。」

至於當初為何被拒絕，以下是他的回答：「面試時，大家都喜歡她，但是不知為何，整個團隊就是沒採取進一步的行動。我自己本人很沮喪，也記得當初寄那封電郵的心情有多難過……但是她優雅地接受了。我沒見過任何人被拒絕還那麼樂觀正面，一個也沒有。她甚至說，『如果還有其他適合我的職位，請不要忘記我。』所以我知道她有多想進入谷歌，即使被拒絕這麼多次都不放棄。我因此更傷心……更想為她爭取工作。」

不久之後，這位主管問先前的團隊是否找到合適人選，對方說沒有。他便建議他們重新考慮崔西，「他們說那時已經面試過非常多人，也始終沒忘記崔西，」他說。「最後他們決定推翻先前的決定，錄取崔西……我在人事部這麼多年，從沒看過這種案例……這個故事的教訓就是，好好對待每個人，即使他們回絕你。」

如今回想起來，進谷歌的確很難，但不是完全不可能。畢竟谷歌有幾萬名員工，他們也都面試成功了。況且崔西是成績斐然的專業人員，她靠自己就有可能應徵成功。

也許訪問歐巴馬，或和搖滾巨星一起哈拉，「被拒絕的一百天」的最後實驗更有戲劇性效果。但是我絕對不後悔，而且我可以運用這個計畫所得到的寶貴經驗幫助了不起的女性實現夢想，再也沒有比這個更充實的回饋了。

經驗傳承

一、放下結果：專注於可控制的變因，例如我們的努力、行為，不可控制的結果——例如他人的接受或回絕——就別放在心上，長遠看來，反而更成功。

CHAPTER 13

實踐新使命

回顧「被拒絕的一百天」的計畫，如今我認為那是一段蛻變之旅。我克服了恐懼，學到知識，得到智慧，也找到嶄新的自由和力量。我的生活也因此有了改變。

崔西在谷歌找到夢幻工作之後兩個月，我們從奧斯汀搬到矽谷。崔西到新公司上班，每天回家都精神飽滿，因為工作時可以看到、參與各種了不起的新科技。

至於我，我負責接送布萊恩上托兒所，平時就埋首寫這本書，敘述我們的故事，分享我這一路所學。而且我繼續被拒絕實驗，可能突然問陌生人能不能幫他重綁鞋帶，或是問路人推特的帳號，也可能問別人肯不肯和我一起潛入游泳池。我希望不斷擴大我的舒適區，永遠別忘記如何以我整理出來的技巧面對被拒絕。

其實一般人誤會了，勇氣——進行某件可怕事情的能力，例如提出你的要求，或是不顧眾人反對，堅持為所應為——不是與生俱來，而是後天慢慢累積。這就像肌肉，必須不斷練習才能維持，否則可能會變小，甚至退化。因此我利用被拒絕實驗鍛鍊勇氣肌肉，維持堅毅心志，確保自信源源不絕。

一路走來，我彷彿找回早已失去的自我。記得那個讀到愛迪生傳記的北京小朋友嗎？那個崇拜比爾・蓋茲，還寫信給家人，發誓要在二十五歲之前買下微軟的孩子？那個穿過初雪，覺得未來掌握在自己手中的小夥子？

那孩子回來了。其實他從未離開，只是被一層又一層的恐懼覆蓋。欣然接受、克服最深的恐懼之後，我也找到嶄新的人生使命。我要用創業的精神研發各種方法，幫助更多的人。所以我必須描繪更多藍圖，聽取更多意見，僱用更多人，尋求更多資金，對了，還有，被拒絕更多次。但是這次不一樣，這次我不怕了。相反地，我很期待、很興奮。我自己克服被拒絕恐懼，也幫別人走過難關，只要我們不怕被拒絕，我想知道可以實現多少夢想，又有多少酷炫點子可以成真，我不願意只是空想，我希望實際幫助世人——幫助你——實現理想。倘若我們不怕被拒絕，這個世界難道不會更美好？

整個世界不怕被拒絕，我們生活起來就更愜意了。我希望這本書可以吸引更多人——包括你。如果你知道誰有遠大夢想、目標，卻因為恐懼而裹足不前，請把這本書分享給他們，一定有幫助。

如果沒有，就買盒甜甜圈請他們吃吧，這招永遠奏效。

附錄——「被拒絕」工具箱

重新思考被拒絕

一、被拒絕攸關人性：被拒絕是牽涉到兩方的互動，與回絕的人的關係往往大於碰釘子的人，不該被當成天地間的真相，也不是判斷好壞的唯一方法。

二、被拒絕只是個人意見：被拒絕是拒絕者的個人意見，受到歷史背景、文化差異、心理因素的影響。凡事都有人拒絕，有人接受。

三、被拒絕不是無休無止：被拒絕有其次數，只要捱過夠多次，「不行」總會變成「好」。

接受否定

一、道別之前先問原因：被拒絕之後繼續對話。關鍵字眼就是「為什麼」，這麼做往往可以弄清楚背後的原因，被拒絕的人也有機會可以解決問題。

二、撤退，不要逃跑：初次被拒絕之後不要放棄，稍作退讓，就有更大的機會爭取成功。

三、同心協力，不要競爭樹敵：絕對不要和拒絕者爭論。反之，努力與對方合作，想辦法解決無法同意的問題。

四、切換，不要放棄：決定要不要放棄之前，先退一步，另外找人提出要求、換個地方，或是改變客觀條件。

準備接受同意

一、提出理由：解釋提出要求的理由，別人同意的機率就會更高。

二、以「我」開頭：以「我」開頭提出要求讓人感覺更真心，不了解別人的需求，絕對不要假裝關心他們。

三、點出對方的疑慮：先發制人，點出對方顯然會有的疑慮，就能增加彼此的信賴感。

四、找對人：選擇更有可能同意的對象，就能增加成功的機率。

回絕說「不」

一、**耐性和尊重**：拒絕通常令人傷心。以正確態度傳遞這個訊息，有助於緩和對方遭到的打擊。千萬不要輕視被拒絕的人。

二、**坦率直接**：拒絕他人時，先否決再說理由。避免廢話連篇，或是試圖說之以理。

三、**提供其他選項**：提供其他選項得到對方同意或讓步，即使拒絕他人，也可能多了一位粉絲。

找到光明面

一、**激發鬥志**：被拒絕挫折可以激發人們追求成就的強烈鬥志。

二、**改善自我**：接受被拒絕經驗所帶來的建議，就能以此當成改善點子或產品的有效方法。

三、**是否有價值**：有時被拒絕是好事，尤其是大家的意見受到團體迷思或傳統思考模式限制，或是你的點子非常有創意時。

四、**鍛鍊心志：**特地在艱險的環境尋找被拒絕經驗，就能鍛鍊心志，追求更遠大的目標。

找到意義

一、**學習同理心：**許多人都曾經被拒絕。你可以利用被拒絕和挫折打擊學習同理心，更加了解其他人。

二、**找到價值：**不斷被拒絕可以當成丈量決心和信念的標準，有些表面輝煌風光的故事，都經過痛徹心肺的被拒絕焠鍊。

三、**找到使命：**有時人生最殘酷的被拒絕挫折反而象徵著新開始、新使命。

找到自由

一、**自在提問：**我們往往剝奪自己提問的自由，只因為害怕被拒絕和遭人非議。但是除非跨出第一步，否則看不到往後的精彩發展。

二、**坦率接受自己：**因為內心需要得到肯定，我們轉而向他人尋找。其實我們最需要得到自己的肯定。

找到力量

一、放下結果：專注於可控制的變因，例如如我們的努力、行為，不可控制的結果——例如他人的接受或回絕——就別放在心上，長遠看來，反而更成功。

謝辭

妻子崔西．夏是我的基石，摯友，也是偉大的隊友。因為她的勇氣和堅定的支持，才有我的創業大夢、被拒絕計畫和這本書。

二〇一三年，我在「攻佔世界高峰會」發表演說。當時，我想在募資平台 Kickstarter 發起專案，籌錢出版這本書。會後，觀眾席有兩人接觸我，勸我考慮走傳統出版路線，我也照做了。

一位是大衛．傅蓋特，他後來成了我的經紀人，也是可靠的顧問。我找到自己的傑瑞．馬奎爾。

另一位是瑞克．侯根，他是了不起的頂尖編輯，最後取得這本書的版權。雖然他無法完成這個專案，我很感激他在我撰寫前半段時提供的寶貴意見。

我也非常感激莉亞．米勒幫助我完成這本書。她的遠見和建議讓我安心不少，也幫助我把這本書寫得更完整。

僱用珍妮．強斯頓是我最棒的決定之一，她是我個人的企劃編輯。平常有她幫忙規劃本書架構，我有如神助。如果沒有她，這本書絕對不會有現在這番成績。

我親愛的朋友和前同事娜茲莉・尤札克在我展開「被拒絕的一百天」計畫時給我莫大支持，她永遠是我的土耳其親人。

二十三歲的希斯和艾莉夏・帕塞特是住在奧斯汀的夫妻，他們採納我的建議，開休旅車跨越五十州度蜜月，現在他們協助我發表新書。有時宇宙運行的方法真是不可思議，我很感謝這兩位。

我還想感謝比爾・蓋茲給我帶來啟發，是他的故事在我童稚的心中種下創業的種子，引領我走到今天這一步。

最後，我要感謝 Krispy Kreme 的賈姬・布隆，她是我的偶像。沒有她的友善和貼心的服務，就沒有奧運五環甜甜圈，也不會有這本書。

國家圖書館出版品預行編目資料

被拒絕的勇氣 / 蔣甲（Jia Jiang）著；林師祺譯. -- 初版. -- 臺北市：平安文化, 2016.7
面； 公分. -- (平安叢書；第523種)(upward；65)
譯自：Rejection Proof：How I Beat Fear and Became Invincible Through 100 Days of Rejection
ISBN 978-986-93083-8-0 (平裝)

177.2　　105010017

平安叢書第0523種
upward 65

被拒絕的勇氣

Rejection Proof：
How I Beat Fear and Became Invincible
Through 100 Days of Rejection

作　　者—蔣甲
譯　　者—林師祺
發 行 人—平雲
出版發行—平安文化有限公司
台北市敦化北路120巷50號
電話◎02-27168888
郵撥帳號◎18420815號
皇冠出版社(香港)有限公司
香港銅鑼灣道180號百樂商業中心
19字樓1903室
電話◎2529-1778　傳真◎2527-0904
總 編 輯—龔橞甄
責任編輯—平　靜
美術設計—王瓊瑤
著作完成日期—2014年
初版一刷日期—2016年7月
初版三刷日期—2021年8月
法律顧問—王惠光律師

讀者服務傳真專線◎02-27150507
電腦編號◎425065
ISBN◎978-986-93083-8-0
Printed in Taiwan
本書定價◎新台幣280元/港幣93元